KB039658

한국경제
동반성장
자본주의 정신

한국경제, 동반성장, 자본주의 정신

초판 1쇄 인쇄 2021년 2월 25일
초판 1쇄 발행 2021년 3월 2일

지은이 정운찬
펴낸이 정해종
디자인 유혜현

펴낸곳 ㈜파람북
출판등록 2018년 4월 30일 제2018-000126호
주소 서울특별시 마포구 양화로 12길 8-9, 2층
전자우편 info@parambook.co.kr **인스타그램** @param.book
페이스북 www.facebook.com/parambook/ **네이버 포스트** m.post.naver.com/parambook
대표전화 (편집) 02-2038-2633 (마케팅) 070-4353-0561

ISBN 979-11-90052-61-0 03320
책값은 뒤표지에 있습니다.

이 책은 저작물 저작권법에 따라 보호받는 저작물이므로 무단 전재와 복제를 금하며, 이 책 내용의 전부 또는 일부를 이용하시려면 반드시 저작권자와 ㈜파람북의 서면 동의를 받아야 합니다.

한국경제
동반성장
자본주의 정신

정운찬 지음

파람북

머리말

더불어 성장하고 함께 나누자

한국 경제는 지난 70여 년간 괄목할 만한 성장을 이룩했다. 그 결과 2020년 우리의 GDP는 세계 10위로 올라섰을 뿐만 아니라, 인구 5,000만 명 이상, 1인당 국민소득 3만 달러 이상 나라들로 구성된 '50-30 클럽'(미국, 일본, 독일, 영국, 프랑스, 이탈리아, 한국)의 일원이 되었다. 이것은 우리 사회의 모든 구성원이 함께 땀 흘려 성취한 결과다. 온 국민이 잘사는 나라를 만들기 위해 혼연일체로 힘을 모아 노력한 의지의 승리다. 그러나 눈부신 성장 뒤에는 미래를 위해 해결하지 않으면 안 되는 과제가 있다. 그것은 바로 '함께 잘사는 사회, 더불어 잘사는 삶'이라는 가치다.

한국 사회는 산업화를 거치는 과정에서 소수에 의한 소득과 부의 독점과 기회의 불평등 현상이 나타났다. 특히 1997년 IMF 경제위기를 경험한 후, 한국 경제는 크게 성장하지는 못하면서 잘사는 사람과 못사는 사람의 격차가 계속 벌어지고 있다. 자본주의 사회에서 경제적 격차를 부정하기는 어렵다. 그러나 저성장과 양극화가 악순환하는 사회에서는 공동체적 가치를 유지하기 어렵다.

나는 사회적으로 용인할 수 있는 격차와, 용인하면 안 되는 격차가 있다고 생각한다. 먼저 용인할 수 있는 격차는 '기회 평등'을 바탕으로 한다. 그러나 기회가 평등하지 않은 상황에서 발생하는 격차는 수용할 수 없다. 만약 기회가 평등하게 주어지지 못한다면 적극적으로 개선해나가야 한다.

또한 불공정한 상태를 방치하여 만들어진 격차, 혹은 부정행위로 만들어진 격차 역시 용인할 수 없다. 시장경제 체제에서 경쟁이 효과적으로 기능하도록 만들어진 규칙과 감시기구가 중요한 이유는 시장의 공정성과 투명성을 확보하여 구성원들에게 신뢰를 얻기 위함이다.

한편 기회가 평등하게 주어지고 경쟁이 공정하게 이루어지더라도, 어쩔 수 없이 승자와 패자가 나올 수 있다. 하지만 여기서 패한 구성원과 승리한 구성원 사이에 격차가 너무 벌어져 마침내 양극화가 고착되는 것도 용인해서는 안 된다. 양극화가 고정되면 그 사회는 활력을 잃어버리기 마련이다. 따라서 경쟁에서 패하더라도 직업교육과 업종 전환, 개인의 노력으로 재기할 수 있는 유연성과 유동성을 확보해야 한다.

물론 이와 같은 동반성장 사회를 만들기 위해서는 경제가 지속적으로 성장해야 한다. 경제가 성장하여 파이가 커지면 결과적으로 구성원들의 소득 역시 올라가게 된다. 또한 경제가 지속적으로 성장하면 취업과 창업 기회도 확대되기 때문에, 누구나 노력하면 사회적으로나 경제적으로 성공할 수 있다는 희망을 가질 수 있다. 중장기적으로 성장의 원동력은 창조적 파괴, 즉 이노베이션으로 만들어진다. 기술 혁신으로 부가가치가 높은 산업을 개발하고 성장산업으로 확립시켜나가는 것이 그 무엇보다 중요하다. 그러나 단기적으로 기술 혁신이 이루어지기 전에도 정부의 의지, 대기업의 선도와 중소기업의 자조 노력만 있다면 경제 성장을 촉진할 수 있다. 동반성장을 통해서 말이다.

나는 지난 10년간 동반성장 문화의 조성과 확산을 위해 열심히 일해왔다. 처음 1년여간은 동반성장위원회에서, 다음 8년여간은 동반성장연구소에서 일했다. 2010년에 설립된 동반성장위원회는 반관반민 형태의 기구다. 위원장은 대통령이 임명하고, 예산은 정부와 전경련 등 경제단체에서 조달한다. 나는 동반성장위원회의 기반을 다지기 위해 최선을 다했다. 우선 불공정 거래 행위를 줄이기 위해 노력했다. 또한 중소기업 적합업종을 선정했고, 일정 규모 이하의 정부 구매는 중소기업으로부터 직접 하도록 했다. 그뿐 아니라 우리 사회에 이익 공유제를 소개하고, 대기업이 이 방안을 채택하도록 권고했다. 그러나 정부가 위원회는 만들었지만, 확실히 도와주지 않아서 결국 위원회를 그만두었다.

2012년에 설립된 동반성장연구소는 동반성장위원회와 전혀 별개인 순수 민간연구소다. 따라서 정치권이나 경제단체의 눈치를 보지 않고 독립적으로 우리 사회의 저성장과 양극화 문제를 해결할 수 있는 동반성장의 길을 찾아왔다. 재정적 어려움이 있지만 동반성장의 뜻에 공감하는 여러분들의 도움으로 아직까지 버티고 있다.

동반성장위원회와 동반성장연구소에서 일하는 동안 전국의 대학, 경제단체, 기업, 은행, 교회 등에서 동반성장에 관한 특강을 많이 했다. 일일이 다 세어보진 않았지만 적어도 100번은 훨씬 넘은 듯하다. 나는 특강에 참석하신 분들과 대화를 나누면서 동반성장에 대한 나의 생각을 수정하고 정리했다.

나는 동반성장이 적어도 단기에서는 저성장과 양극화를 극복하기 위한 최선의 방안이라고 생각한다. 그러나 적지 않은 지식인과 대기업의 시선은 그리 곱지만은 않았다. 동반성장이 자본주의의 기본정신에 어긋난다는 것이다. 그러나 자본주의 경제학의 창시자인 애덤 스미스가 그렸던 시장경제 사회는 법과 게임의 규칙을 기반으로 누구나 정당하고 공정하게 경쟁하여, 결과적으로 모두가 함께 잘 사는 사회였다. 우리는 애덤 스미스가 주창했던 자본주의의 참모습을 올바르게 알고 자본주의의 기본정신으로 돌아가야 한다. 내가 주장하는 동반성장은 다름 아닌 자본주의의 기본정신이다. 나는 이 책이 한국 사회에 자본주의와 동반성장을 올바르게 알리기 위한 새로운 한 걸음이 되기를 바란다.

동반성장은 더불어 성장하고 함께 나누자는 사회 작동원리다.

개인과 개인, 집단과 집단, 그리고 개인과 집단 사이를 공정한 경쟁을 기반으로 한 동반자 관계로 조성하여 지속가능하도록 운영하는 것이다. 그래서 동반성장은 어느 한쪽에게만 이익이 돌아가는 '승자독식의 경쟁'을 배제하고, 참여자 모두에게 정당한 몫이 돌아가는 협력적 경쟁을 추구한다.

동반성장에서 '함께 나눈다'는 말의 의미는 있는 사람의 것을 빼앗아 없는 사람에게 주자는 것이 아니다. 그보다는 경제 전체의 파이는 크게 만들되, 분배는 좀 더 공정하게 하자는 것이다. 동반성장은 그 개념이 매우 넓다. 대기업과 중소기업 간 동반성장뿐만 아니라 빈부 간, 도농 간, 지역 간, 수도권 · 비수도권 간, 남녀 간, 국가 간 동반성장 등 매우 광범위한 개념으로 사회 전반에 적용할 수 있다.

동반성장연구소는 더불어 성장하는 한국 사회를 만들기 위해 다양한 사업을 해왔다. 우선 동반성장의 해법을 찾기 위해 한 달에 한 번씩 동반성장포럼을 개최했다. 지난 8년여간 적게는 50명 많게는 100여 명이 70번 넘게 모였다. 이 포럼은 다양한 영역의 전문가와 이해관계자가 자유롭게 의견을 교환하는 장으로 발전했다. 또한 연구소는 수시로 심포지엄을 개최하고, 다양한 영역의 지식을 융합하여 현실적이고 혁신적인 해결 방안을 모색해왔다. 이에 더하여 젊은이들에게 동반성장 정신을 고취하기 위해 동반성장 논문대회도 열고 있다.

동반성장은 함께 잘사는 사회를 만들어가기 위한 가치다. 동맥만이 아니라 모세혈관에도 피가 돌듯이 사회적인 기회가 누구에게나 공평하게 주어지고, 경쟁이 공정하다고 느끼며, 격차를 좁힐 수 있다는 희망을 가질 때, 비로소 '더불어 잘사는 사회'가 이루어질 수 있다. 동반성장은 동반성장연구소가 추구하는 가치이자 목표다. 나는 한국 사회에 동반성장이 실현되는 그날까지 앞으로도 최선을 다할 생각이다.

이 책은 내가 동반성장연구소(2012~)와 금융연구회(1989~)의 세미나에서 발표한 글들을 하나로 묶고 수정 · 보완한 것이다. 거기에 참석했던 사람들의 토론도 참고했다. 나의 몇몇 후배 교수들은 이 책의 초고에 나타난 몇 가지 오류를 밝혀내고 개선해야 할 점도 지적했다. 그 제안들은 모두 받아들이지는 못했지만, 이 책의 내용을 풍성하게 하는 데 크게 기여했다. 그들 모두에게 감사한다.

아무쪼록 이 책이 우리 사회를 동반성장 사회로 만드는 데 조그만 도움이라도 되기를 바란다.

2021년 2월

정운찬

차례

3장 자본주의의 기본정신으로 돌아가자

4장 시대정신, 동반성장

1장

한국 경제, 어떻게 해야 하나

1.1 문제 제기

신종 코로나바이러스 감염증(코로나 19)의 창궐로 우리의 일상은 사회적 거리 두기, 마스크 착용, 비대면 교육 등 지금까지 우리가 알던 것과는 전혀 다른 모습이 되었다. 초록 잔디와 푸른 하늘은 그대로지만 관중이 없는 야구장에서 펼치는 야구처럼 말이다.

경제도 마찬가지다. 일시적일지 모른다던 저성장과 양극화는 적어도 당분간은 노말(normal, 지속적 성장과 평등한 분배)은커녕 고착화된 뉴 노말(new normal, 저성장과 양극화) 또는 뉴 애브노말(new abnormal, 심각한 저성장과 양극화) 형태로 자리 잡을 것으로 보인다.

2020년 우리나라의 GDP 성장률은 전년 대비 -1.1%였다. 또한 코로나 19 여파로 섬유제품업과 숙박 · 음식점업의 피해가 가장 크다는 조사 결과가 나왔다. 지난여름 중소기업중앙회가 중소기업

1,234곳을 대상으로 한 코로나 19 관련 업종별 피해 실태조사에서 중소기업의 76.2%가 코로나 19로 피해를 입었다고 응답했다. 특히 제조업 중 섬유제품업과 비제조업 중 숙박 · 음식점업에서는 코로나 19로 타격을 받았다는 응답이 모두 100%로 나왔다. 의식주 관련 중소기업이 폭넓게 피해를 입었다는 말이다.

이번 코로나 사태의 충격은 우리 사회가 안고 있는 구조적 문제를 다시 한 번 부각했다. 1997년 말 IMF 경제위기 이후 우리 사회는 저성장이 계속되고 소득과 부의 불평등이 지속적으로 심화되었다. 그런 가운데 발발한 신종 코로나 바이러스와의 보이지 않는 전쟁으로 인해, 경제 성장률 급락과 실업 및 소득 단절의 고통이 경제적 취약계층과 사회적 약자에 집중되면서 소득 및 부의 불평등이 고착되고 있다.

나는 지난 10년 동안 동반성장이 한국 경제의 재도약을 가져오는 동시에 경제적 취약계층과 사회적 약자의 불안도 해결할 수 있는 최선의 대안이라고 역설해왔다. 나아가 사회안전망이 부실한 한국 사회에서 동반성장은 사회적 약자들의 생활을 개선하여 궁극적으로 사후적 복지 수요를 줄이는 사전적 복지 처방의 역할도 수행할 것이라고 강조해왔다.

코로나 19 이후의 미래가 어떻게 될지는 아무도 모른다. 그러나 저성장과 양극화가 심화될 것은 틀림없다. 상징적으로 보자면 재택

근무를 할 수 있는 사람들은 또박또박 월급을 받는 반면, 일용직 등 일반 노동자들은 소득을 제대로 올리지 못하는 경우가 많아지지 않았는가? 따라서 코로나 충격으로 인해 동반성장의 필요성은 더욱 설득력을 갖게 되었다. 코로나 충격을 극복하기 위해서라도 우리 사회는 동반성장 사회로 나아가야 한다.

이 책의 목적은 한국 경제의 저성장과 양극화를 극복할 최선의 방안은 동반성장이며, 동반성장은 적지 않은 인사들의 인식과는 달리 자본주의의 기본정신에 충실한 방안이라는 사실을 알리는 데 있다.

1.2 불안한 한국 경제
저성장, 그리고 양극화

1998년 IMF 경제위기 때 공익광고협의회는 다음과 같은 광고를 제작하여 배포했다.

> 다시 뛰자, 코리아!
>
> 우리 다시 시작해야 할 때입니다.
>
> 하나된 힘으로 자랑스런 '한강의 기적'을
>
> 다시 한 번 이루어야 할 때입니다.
>
> 자, 다시 뜁시다.

그해 우리 경제는 마이너스 성장률을 기록했으나 광고의 글귀처럼 다시 뛰어 다음 해에는 반등을 이루어냈다. 그리고 경제위기 이전보다 강화된 체질을 바탕으로 계속 플러스 성장세를 보였다. IMF 경제위기 이전에도 대한민국 경제는 다시 뛴 경험이 있다. 제2차 오일쇼크 직후였던 1980년에 경제 성장률이 마이너스로 내려갔지만, 다음 해에는 언제 그랬냐는 듯 반등하여 10여 년간 고도성장을 기록했다.

그러나 지금의 한국 경제는 왕성하게 다시 뛰지는 못하는 듯하다. 1980년대까지만 해도 8.6%, 1990년대에는 6.7%였던 경제 성장률이 2000년대 들어서는 4.4%로 하락하더니, 2010년대에는 2~3%대까지 떨어졌다. 20여 년 전인 1990년대만 하더라도 성장률이 6%가 되면 불황이라 했고, 성장률이 적어도 8~9%는 되어야 "경기가 확장 국면에 있다, 경기 호황이다"라고 평가했다. 미국발 글로벌 금융위기가 발생한 2008년의 마이너스 성장이 2009년에는 플러스로 회복되었으나, 2010년대에 들어 한국의 경제 성장률은 2~3%에서 머무르고 있다. 높은 성장률을 보이던 우리 경제가 2~3%라는 초라한 성장률을 기록하고 있는 것이다.

한국 경제는 이와 같이 1997년 IMF 경제위기와 2008년 글로벌 금융위기를 겪으면서 건전성과 안정성은 강화된 반면, 경제 활력이 떨어지면서 저성장이 고착될 우려에 봉착했다. 서울대 김세직 교수에 따르면 연평균 경제 성장률은 1980년대에는 8%대였으나 김영삼 정부 이후 장기 성장률(10년 이동 평균)이 정권이 바뀔 때마다

6%(김영삼) →5%(김대중) →4%(노무현) →3%(이명박) →2%(박근혜)로 5년마다 1%p씩 떨어졌다.

이러한 저성장은 산업화 이후 처음 겪는 국면이다. 안타깝지만 역동적이었던 과거의 한국 경제는 더 이상 우리의 현실이 아니다. 이것은 매우 심각한 문제다. 정체된 성장률은 곧 우리 경제가 바람 빠진 공처럼 탄력을 잃어버렸음을 의미하기 때문이다. 위기 상황으로 인해 성장률이 추락하더라도 바로 반등했던 과거와는 달리, 최근 들어 우리 경제가 탄력을 잃고 다시 뛰지 못하는 이유가 무엇인지 진지하게 고민해볼 필요가 있다.

우리 경제를 무기력하게 하는 또 다른 문제는 갈수록 악화되는 소득 분배다. 상위 1% 소득자들이 전체 소득의 15%를 가져간다. 상위 10%가 차지하는 비중은 무려 47%다. 전체 소득의 거의 반을 가져간다는 말이다. 가히 매스컴에서 일컫는 10:90, 1:99의 사회라 할 만하다.

소득 분배의 불공평만 문제가 아니다. 한국 경제의 재벌 의존도는 대기업과 중소기업 간 양극화 또한 심해지고 있음을 방증한다. 1980년대 초반 우리나라의 4대 재벌이 올리는 1년 매출액은 GDP의 20% 수준이었다. 이 수치는 지속적으로 증가해 2000년대에는 40%를 기록했고, 지금은 60%에 달한다. 경제적 힘이 한쪽으로 쏠리면서 우리나라 경제는 활력이 떨어지고 있다. 무엇이 양극화를 악화시키는지, 왜 한국 경제는 다시 왕성한 성장세를 보이지 못하는지 정확하게 진단할 필요가 있다.

저성장의 원인은 과연 무엇인가?

한국 경제의 활력이 저하된 배경에는 민간 부문의 소비와 투자 부진에 따른 수요 위축과, 고용 및 기술력 둔화에 따른 공급 정체라는 요인이 있다.

먼저 우리 경제에서 가장 큰 비중을 차지하는 민간소비의 성장세가 지속적으로 감소했다. 특히 민간소비 성장률이 경제 성장률을 밑돌아서 소비 부진이 저성장의 주요 요인으로 작용하고 있다. 민간소비 침체는 급격히 증가한 가계부채와 저출산, 고령화의 인구구조 변화에 기인한다. 또한 1997년 외환위기와 2008년 글로벌 금융위기를 겪으면서 소득 분배 악화에 따른 양극화 심화로 소비 성향이 높은 중산층 비중이 감소했다. 그 결과 경제 전체의 소득이 증가하더라도 소비 회복은 나타나지 않고 있다.

또한 과거 우리나라의 경제 성장을 견인했던 투자 수요가 감소하고 있다. 특히 기업의 설비 투자가 급격히 위축되었다. 기업 투자가 감소한 배경에는 경제위기 이후 기업들이 외형 확장보다는 재무건전성 확보에 주력하는 경영 보수화와 경영 시계(視界)의 단기화 등으로 설비 투자보다는 현금성 자산 보유에 집중하는 경향이 자리

잡고 있기 때문이다. 또한 외환위기 이후 대기업 및 수출기업의 실적 개선이 중소기업 및 내수기업의 성장을 견인하지 못함에 따라 발생한 기업 간 양극화 심화도 중소기업의 투자에 부정적 영향을 미쳤다.

소비와 투자 부진이 장기적으로 고착되면, 경제 성장이 정체되고 경제의 역동성이 사라질 수밖에 없다. 가계부채가 2019년 말 기준으로 1,600조 원을 넘고 저출산, 고령화의 인구구조 변화가 급속히 진행되는 상황에서 민간소비의 새로운 성장세를 단기간에 기대하기 어렵다는 점을 고려한다면, 결국 한국 경제의 역동성 회복을 위한 실마리는 기업 투자에서 찾아야 한다.

저성장의 근본 원인이 투자 부진에 있다면, 그에 대한 처방은 단기적으로는 투자 활성화 정책일 것이다. 이론적으로는 기업들이 투자할 수 있는 환경을 조성해주고 원활한 투자를 가로막는 요인이 있다면 그것을 과감하게 제거해감으로써 성장 잠재력을 회복할 수 있다. 이것이 지난 20여 년 동안 경제 활성화를 위해 추진되었던 핵심적인 정책 방향이었다.

그러나 투자 활성화를 위한 그간의 정책은 뚜렷한 성과를 내지 못했다. 투자 활성화를 위해 김대중 정부 이후 많은 정책들이 쏟아졌다. 특히 이명박 정부는 경제정책에 '기업 프렌들리(friendly)'라는 이름까지 붙이며 다양한 방식으로 투자 활성화를 추진했다.

대표적인 예로 법인세 인하를 들 수 있다. 2008년 미국발 글로벌 금융위기를 맞아 우리 경제는 큰 충격을 받았다. 그에 따라 세수 여건이 급속히 나빠진 가운데, 위기 극복을 위해 정부 지출을 확대한 결과 재정 여건이 악화되었다. 경제위기로 인해 세금이 모자라게 된 악조건 속에서도 반대 여론을 무릅쓰고 투자 활성화를 기대하며 대규모의 법인세 인하가 단행된 것이다. 재정 여건이 극도로 어려운 상황에서도 대규모 법인세 감세가 국회의 동의를 받을 수 있었던 이유는 기업들이 법인세를 절약한 돈으로 투자를 늘려 경제를 활성화시키고 고용을 확대시킬 것이라는 기대 때문이었다. 그러나 법인세 감세가 이루어진 후에도 우리나라의 투자가 활성화되었다는 뚜렷한 증거, 특히 개별 기업 단위가 아닌 거시경제 전체적으로 투자가 활성화되었다는 뚜렷한 증거는 찾을 수 없었다. 사실 법인세 감세는 이미 다른 나라에서도 그 효과에 대해 많은 의문이 제기되었던 정책이다. 노벨경제학상 수상자인 폴 크루그먼(Paul Krugman) 교수도 법인세 인하는 소득 불평등과 재정적자 문제만 심화시킬 뿐이라고 주장했다.

규제 완화가 능사는 아니다

투자활성화 정책의 또 다른 모습은 규제 완화다. 기업은 체질적으로 규제를 좋아할 수 없다. 자유로운 기업 활동에 방해가 된다고 생각하기 때문이다. 경제위기 이후 20년 이상 동안 정부가 투자를 활성화시키기 위해 많은 규제를 완화했으나 아직도 기업들은 투자를 가로막고 있는 규제가 너무 많다고 입을 모은다. 불필요한 규제를 없애려는 노력이 아직 부족하다고 주장한다. 하나의 규제를 없애면 그보다 더 많은 규제가 새롭게 만들어져 투자 환경이 개선되지 못하고 있다는 것이다. 그러나 끝없이 규제 완화를 요구하는 기업들의 주장을 자세히 따져보면 이해하기 어려운 부분도 있다.

첫째, 사회에 필수불가결한 규제들이 있다. 가장 단적인 예가 금융 규제와 환경 관련 규제다. 먼저 금융기관의 건정성과 관련된 규제, 업무 영역에 관한 규제 등은 함부로 없애서는 안 된다. 물론 이와 같은 규제들은 금융회사들에게 불편하게 느껴질 수 있겠지만, 이런 규제들을 선불리 완화했다가는 금융권 전체가 혼란에 빠질 수 있다. 2008년 미국에서 발생한 글로벌 금융위기는 규제를 지나치게 완화했기 때문에 발생한 비극임을 잊어서는 안 된다.

또한 기업들이 환경 규제 때문에 승인이 나지 않아서 공장을 원하는 시간 내에 짓지 못하는 경우가 있을 수 있다. 그러나 환경 관련 규제를 무작정 없애버릴 수는 없다. 환경문제처럼 부정적인 파급 효과가 큰 사안에 대해서는 규제 완화만이 능사가 아니다. 환경 관련 규제가 투자를 가로막을 만큼 지나치게 엄격하다면 합리적인 근거를 바탕으로 규제 완화를 요구해야 한다. 더불어 그 규제를 완화했을 때 예상되는 문제의 대안까지도 제시할 수 있어야만 비로소 요구가 수용될 여지가 생긴다. 그런 준비나 대안 없이 무조건 규제를 푼 상황에서, 이후 우려했던 심각한 환경문제들이 줄줄이 발생한다면 그 책임은 누가 질 것인가? 우리 사회가 환경문제에 민감하지 않았던 1960~80년대로 되돌아가지 않는 한 이런 식의 접근은 통할 수 없다.

둘째, 기업들의 공정한 경쟁을 보장하기 위해서 철폐할 수 없는 규제들이 있다. 대기업과 중소기업 간 거래에서처럼 사업자 간 힘의 불균형으로 공정한 거래가 이루어지기 어려운 분야에서 관련 기업들이 상생 협력하도록 시책을 추진하고, 위반 기업에 대해서는 시정조치를 하는 것이 그 예다. 또한 하도급거래의 원사업자와 수급사업자, 유통 분야의 대형 유통업체와 납품업체, 가맹점본부와 가맹사업자 등의 거래에서, 우월적 지위를 가진 사업자들이 그 지위를 남용하는 행위를 규제하는 것도 공정 경쟁을 보장하고 페어플레이를 유도하기 위해 필수불가결한 규제다.

구체적인 규제 개선 요청이 필요하다

사회적으로 필수불가결한 규제인 금융 규제와 환경 규제를 제외하고는, 최근까지 대기업들이 불필요한 규제를 구체적으로 제시한 경우는 드물었다. 투자 부진의 이유가 진정 지나친 규제에 있다면, 기업들은 그러한 규제를 구체적으로 밝힘으로써 해당 규제의 존치 여부를 충분히 공론화할 수 있다. 필요하다고 인정된다면 법령을 개정해서라도 투자 활성화를 위한 여건 조성에 나서겠다는 것이 김대중 정부 이후 모든 정부의 일관된 자세였다. 이런 정부에게 규제에 대한 의견을 구체적으로 허심탄회하게 개진했다면 정말로 불합리한 규제들이 개선되지 않았을까?

이해를 돕기 위해 병원을 찾은 환자를 생각해보자. 몸이 좋지 않아 의사를 찾아갔다면 구체적으로 어디가 어떻게 아파서 병원을 찾았는지 설명해야 한다. 그래야 의사도 병을 정확하게 진단하고 그에 맞는 처방을 내릴 수 있다. 그러나 지난 20년 이상 기업들은 아무리 명의라 하더라도 정확한 진단과 처방을 내리기 불가능할 만큼 모호한 말들만 늘어놓았다. 배가 아픈지 허리가 아픈지 가슴이 아픈지 말하지 않은 채, 그냥 몸이 안 좋다며 내가 무슨 병을 앓고 있는지 알아맞혀 보라는 식이었다. 대기업들이 말하는 '투자를 가로막는 규제'가 정확히, 그리고 구체적으로 무엇을 가리키는지 알 수가 없다. 원하는 바가 무엇인지를 말하지 않으면서 정부가 알아서 도움을 줘야 한다는 것은 문제를 해결하기 위한 성숙한 자세가 아니다. 그들이 말하는 투자 부진의 결정적 이유가 규제 완화에 있지 않음을 간접적으로 보여주는 것이다.

최근 들어 한 가지 긍정적인 변화는 기업을 대표하여 대한상공회의소 등 재계가 무엇을 원하는지 비교적 솔직하고 소상하게 여러 차례 의사표시를 해왔다는 점이다. 예를 들어 그들은 빅데이터 규제 완화 3법으로 통하는 개인정보보호법, 정보통신망법, 신용정보보호법 개정안의 조속 입법을 위해 국회를 10여 차례 방문하여 관련 법안의 빠른 처리를 요청했고, 그 결과 2020년 국회를 통과해 시행되기에 이르렀다. 이런 방식으로 앞으로도 기업들의 구체적이고 합리적인 문제 제기가 기업 투자 증가에 실절적인 도움이 될 수 있도록 다양한 노력이 필요하다.

규제의 안정성, 예측가능성, 일관성 및 정합성이 부족하다

물론 정부의 규제정책이 기업들의 투자를 촉진시키지 못하고, 오히려 현장의 혼선을 가중시키는 경우도 많다. 또한 규제정책을 입안하거나 완화할 때 규제의 안정성이나 예측가능성, 일관성 및 정합성 측면을 간과하여 다양한 부작용 및 경제적 손실을 유발하기도 했다. 특히 현 정부 들어 충분한 논의 없이 규제를 쉽게 만들어내는 경향이 두드러졌다.

정부의 부동산 규제와 주택정책이 좋은 예다. 집으로 돈을 벌 수 없도록 하겠다고 공언해온 정부는 집을 사지 말라고만 할 뿐이었다. 대통령까지 직접 나선 마당에 청와대와 국토교통부는 20여 번째라는 비아냥을 들으면서도 '모든 정책수단 동원'이라는 엄포만 되풀이

했다. 다주택자들이 집을 내놓도록 총력을 쏟아야 할 시점에 임대사업자 특혜 정책은 매물을 거두어들이도록 부추겼고, 전세제도를 집값 폭등의 기폭제로 만들었다. 많게는 집값의 90%까지 전세보증금으로 확보할 수 있기에 적은 대출로 일명 '갭 투자'를 손쉽게 할 수 있게 되었다.

부동산 정책의 궁극적 목표는 집값이 아니라 주거 안정이다. 불로소득 차단이라는 명확하고 일관된 정책 기조가 부재할 뿐만 아니라, 불로소득을 놓지 않으려는 행위가 정권 수뇌부에서 지속되었다. 다주택자인 청와대 고위공직자들은 국민 주거 안정에 소명의식이 없을뿐더러 자신들부터 정책 효과를 기대하지 않는다는 점을 여실히 드러냈다. 몸소 실천하지 않는 사람들이 만든 정책이 국민의 신뢰를 얻기는 힘들다.

기업에 대해서도 마찬가지다. 공정한 경쟁질서의 확립이라는 기업규제의 목표를 분명히 하고, 그 목표를 달성하기 위해 필요한 적절한 강도의 정책을 투명하게 시행하여 규제의 타당성과 예측 가능성을 높이는 것이 중요하다. 그런데 현재 기업에 대한 규제체계가 이런 정책 목표에 잘 부합하는지 의문이다. 지난 연말에 국회를 통과한 공정경제 3법(공정거래법, 상법, 금융그룹감독법) 재개정이 좋은 예다. 이들 법에 대해 야당은 모호한 태도를 보였고, 재계에서는 코로나 시대에 기업의 어려움을 가중시키킨다는 이유로 적극 반대했다. 그러나 무엇보다 우려되는 점은 현재의 공정경제 3법 개정안의 내용이 공정한 시장질서 확립, 기업 지배구조 개선이라는 본래 취지에 비추어 부족한 점이 많다는 것이다.

원래 공정거래법 개정 작업은 전면 개정을 염두에 둔 원대한 작업이었다. 그러나 현재의 개정안은 실질적인 기대 효과가 분명치 않다. 우선 지주회사 규제의 경우 의무지분율 기준을 10% 상향했다. 그러나 기존의 재벌기업 집단들은 대상에서 제외되고, 신설되거나 전환되는 지주회사부터 적용된다. 물론 기존 지주회사가 새로 자회사나 손자회사 등을 편입할 때도 적용된다. 새로 대기업 집단(상호출자 제한 기업 집단)으로 지정되는 기업 집단이 기존에 보유하던 상호출자를 해소하지 않는 경우 그 상호출자 지분에 대해서는 의결권 제한 규정을 두었으나, 이 역시 기존 기업 집단에는 적용되지 않는다. 또한 일감 몰아주기 규제 대상 회사가 확대되기는 하지만, 규제가 미치지 않는 사각지대가 여전히 존재하고 규제를 회피할 가능성도 높다. 그리고 총수 일가의 일감 몰아주기 등으로 발생하는 사익편취 규제조항의 핵심 문제인 '부당성 요건'이 삭제되지 않았다. 여전히 부당성 입증 요건이 너무 까다롭다. 그리고 상호출자 제한집단 소속 금융 · 보험사의 의결권 제한의 경우 그 행사 한도가 현행 15%에서 더 인하되지 않고 그대로 유지되었다. 물론 계열회사 합병의 경우 의결권을 행사하지 못하게 하고, 계열 공익법인의 의결권도 제한 대상에 포함시키는 등 일부 진전이 없었던 것은 아니다. 그러나 이번 개정을 통해 과연 금융회사를 이용해서 기업집단 전체의 지배구조를 유지하는 관행이 시정될 수 있을지는 미지수다.

나는 규제 옹호론자가 아니다. 불필요한 규제는 분명 풀어야 한다. 그뿐만 아니라 규제를 더 투명하게 하여 가계나 기업이 경제활동을 할 때 예측가능성을 높여야 한다. 그러나 규제 완화가 투자 부진의 원인이라면서 규제만 풀면 투자가 늘어날 것이라는 주장에는 동의할 수 없다. 과거 수십 년간 투자 활성화를 위한 규제 완화는 수없이 입안되었고 집행되었으나, 그 성과는 크지 않았다. 왜냐하면 투자는 그 대상이 있어야 하고, 또 투자자금이 있어야지 규제 완화만으로는 늘어나지 않기 때문이다.

저성장의 근본 원인

우리 경제의 저조한 성장률 근저에는 양극화라는 어려운 문제가 깊이 뿌리를 내리고 있다. 우리나라는 1960년대 초 정부 주도의 경제개발계획이 본격적으로 실시되면서, 현재까지 반세기 이상 선성장, 후분배에 입각한 경제 성장을 정부 경제정책의 기본전략으로 삼아왔다. 따라서 우리 사회는 수출이나 중화학공업과 같은 특정 산업을 선도 부문으로 먼저 육성하고, 그 성과가 경제 전체에 파급되기를 기대하는 불균형 성장전략, 이른바 낙수효과(trickle-down) 모델에 의존해왔다. 선성장, 후분배 정책으로 성장과 효율의 극대화는 자연스럽게 지상 목표가 된 반면, 분배와 형평은 부차적인 고려사항으로 밀려났다.

물론 불균형 성장전략은 경제개발 초기 단계에서는 매우 효과적이었다. 그러나 현재 우리나라의 저성장을 보면 알 수 있듯 선성장, 후분배 정책이 언제까지나 긍정적인 결과를 가져오는 것은 아니다. 우리나라에서 50년 이상 계속된 불균형 성장의 결과 산업구조가 소수 대기업에 지나치게 편중되었다. 또한 국민 대다수의 고용과 소득을 담당하는 중소기업은 대기업과의 수직적 관계 속에서 불공정 거래를 감수해야 하는 위치로 전락했다. 우리 경제가 어느 정도 성장한 후에는 균형 발전으로 정책 전환이 필요했음에도, 경제 발전 초기에 채택한 경제정책을 지속적으로 고수해왔기 때문에 생긴 부작용이다. 우리나라는 미국, 일본, 독일, 영국, 프랑스, 이탈리아 다음으로 인구 5,000만 명 이상 1인당 국민소득 3만 달러 이상을 달성한 '50-30클럽'에 가입한 7번째 나라다. 눈부신 성장을 이루고 그만큼 체급도 커졌지만 작은 체급에서나 통할 법한 선성장, 후분배 정책을 이어오면서 탈이 난 것이다.

그 결과 경제의 많은 부문에서 문제가 생겼다. 가계 부문을 예로 들어보자. 우리 사회의 가계부채는 2019년에 1,600조 원을 돌파하고 2020년에 들어서도 계속 늘어났다. 과도한 가계부채는 소비자들이 허리띠를 졸라매게 하여 소비를 위축시킨다. 이렇게 줄어든 내수로 인한 타격은 고스란히 중소기업과 자영업자에게 옮겨간다. 물건이 팔리지 않으니 재고는 늘어나고 투자는 줄어든다. 경제 성장의 선순환이 끊어지는 것이다.

여기서 짚고 넘어가야 할 것은 아무리 수출 대기업들이 뛰어난 성과를 낸다 한들 중소기업과 자영업자에게는 다른 세상 이야기일 뿐이라는 것이다. 지난 4반세기 동안 급속히 진행된 세계 경제의 개방화와 정보화는 한국 사회 특유의 '갑을관계' 문화와 결합되어 산업 간 연관관계의 단절을 가져왔다. 이를테면 수출 대기업이 수출을 통해 큰 이익을 냈다고 하자. 대기업이 수출을 통해 창출하는 이익에는 당연히 부품을 납품하는 중소기업의 협력이 포함되어 있다. 그러나 대기업의 납품가 후려치기, 구두계약 등의 불공정 거래 관행 때문에 중소기업들은 대기업의 이익 창출에 기여한 부분에 대해 정당한 보상을 향유할 수 없었다. 대기업의 이익이 함께 일한 중소기업으로 흘러내리지 않는 것이다.

우리 국민의 88%는 중소기업에서 일하고 있다는 점을 고려하면, 대기업에서 멈춰버린 부의 흐름은 대기업과 중소기업의 양극화를 심화시키고, 중소기업의 부실과 가계부채를 누적시킨다. 가계부채 부담이 늘어날수록 대다수 국민의 구매력은 저하될 수밖에 없고, 이는 내수 부진을 불러온다. 내수가 부진하니 국내에서 생산되는 재화는 줄어들 수밖에 없고, 이는 대기업과 중소기업의 양극화를 더욱 악화시키는 악순환의 고리를 만들어낸다. 수출과 내수 간, 그리고 대기업과 중소기업 간에 고용과 소득을 만들어내는 선순환의 연결 고리가 크게 약화되었다. 아랫목의 온기가 윗목으로 전달되지 않는 것이다. 양극화야말로 한국의 경제 성장률 회복을 가로막는 큰 걸림돌인 이유다.

대기업, 중소기업 간 양극화 해소를 위해 무엇을 해야 하나?

대기업, 중소기업 모두 투자는 지난 4개 정권 내내 부진을 거듭했다. 대기업은 시재금으로 보나 현금성 자산 보유량으로 보나 천문학적 자금을 보유하고 있다. 그러나 투자는 부진하다. 그 이유는 대기업이 IMF 경제위기 이후 지나치게 조심스러운 행태를 보이는 것에 있다. 그리고 더 큰 이유는 투자할 대상이 마땅치 않기 때문이다. 한국의 대기업 정도면 첨단 · 핵심 기술이 있어야 투자한다. 그러나 한국은 첨단 · 핵심 기술이 부족하다. 연구 및 개발(R&D) 지출이 총액 기준으로 세계 5위이고, GDP 규모를 고려하면 세계 1위다. 그런데도 첨단 · 핵심 기술이 충분치 않은 이유는 R&D 지출이 주로 개발(D)에 치중해 있고 내실 있는 연구(R)에는 많이 이루어지지 않기 때문이다. 그 부족한 R도 본격적인 연구(research)라기보다는 남의 아이디어 다듬기(refinement)에 불과하다며 한국 경제를 폄하하는 관찰자도 많다. 이에 대한 대책은 개발에서 연구로(D →R), 남의 아이디어 다듬기에서 본격적인 연구로의 방향 전환이다. 그것은 창의적인 사고를 필요로 한다. 그러나 창의적인 사고는 하루 이틀의 노력으로 이루어지는 것이 아니다. 교육 혁신을 통해 국민 전체의 창의성을 끌어올려야 한다. 하지만 한국 경제가 안고 있는 저성장의 문제는 당장 해결해야 할 심각한 문제다.

중소기업은 어떤가. 최고급 기술은 아니지만 투자하고 싶은 곳은 많으나 자금도 부족하고 인력도 부족하며 무엇보다 수익률이 너무 낮다. IMF 경제위기 이후 가계로 흘러가지 않은 기업 소득은 주로 대기업 것이고, 중소기업의 수익률은 대기업의 3분의 1밖에 안 된다. 그 주요 이유 가운데 하나가 대기업의 중소기업에 대한 불공정 행위, 특히 납품가 후려치기 때문이다.

따라서 투자할 여력은 없지만 투자하려는 의지가 있는 중소기업에게 대기업의 투자 여력을 어떻게 효율적으로 연결시킬 것인지, 즉 대기업과 중소기업 간의 효율적인 자원 배분을 어떻게 이끌어낼 것인지에 대해 앞으로 정부의 정책 역량이 집중되어야 한다. 이것이 바로 한국 경제의 새로운 도약을 위한 '마법의 열쇠(magic key)'가 대기업, 중소기업 간 동반성장에 있다는 주장의 논거다.

대기업, 중소기업 간 동반성장을 이루기 위한 구체적 방안

첫째, 중소기업 적합업종을 선정하여 대기업이 더 이상 문어발을 넘어 지네발식 확장을 하지 못하도록 해야 한다. 중소기업의 사업 영역을 보호하기 위해 대기업들의 신규 참여 확대를 금지하는 업종을 선정하여 중소기업의 자생력을 키워주자는 취지다.

둘째, 초과이익 공유, 또는 협력이익 배분을 실행해야 한다. 대기업이 당초 목표한 것보다 높은 이익을 올리면 그것의 일부를 협력 중소기업에 돌려, 그 중소기업이 기술 개발, 해외 진출, 또는 고용 안정을 꾀하도록 하자는 것이다. 이것은 결코 시혜적인 개념이 아니라 보상의 개념이다. 초과이익의 적지 않은 부분은 납품가 후려치기, 기술 탈취 등 대기업의 중소기업에 대한 불공정 거래 행위에 연유하기 때문이다. 대기업과 중소기업이 같은 배에 탔다는 인식을 갖고 이루어지는 이익 공유는 우리나라에만 있는 유별난 개념이 아니다. 예를 들어 이익 공유 제도는 1920년대 미국 할리우드 영화산업 태동기 때 처음 등장한 이후 영화배우, 제작사, 배급사 사이의 협력을 촉진하여 왔으며, 현재까지 할리우드의 경쟁력을 뒷받침하고 있다. 그 후 미국, 영국, 오스트레일리아, 뉴질랜드, 네덜란드 등에서 기업 간 협력사업에 널리 활용되고 있다. 미국의 자동차 회사인 크라이슬러사와 에어컨 회사인 캐리어사는 목표이익 초과분에 대해 협력사에 보너스를 지급하는 '수익공유계획(GSP, Gain Sharing Plan)'을 시행하고 있고, 영국의 롤스로이스사도 '판매수입공유제'를 시행 중이다. 호주, 뉴질랜드, 네덜란드에서는 사회간접자본(SOC) 건설사업과 국제 항공사 간 전략적 제휴협약에도 활용하고 있다.

셋째, 정부가 조달청을 통해 재화나 서비스를 조달할 때 일정 비율 이상을 중소기업에 직접 발주하도록 하는 등의 노력이 필요하다.

이러한 방안들은 기존의 불공정한 게임 룰로 인해 대기업으로 흘러가던 돈이 당장 중소기업으로 가도록 바로잡기 위한 조치다. 이에 더해 중기적으로는 과거 대기업 위주의 경제정책을 중소기업 위주의 신산업정책으로 바꾸어야 한다. 중소기업이 가장 필요로 하는 것은 사람이다. 좋은 사람들을 중소기업으로 유도하기 위해서 대학의 학자금 융자에 혜택을 준다거나 군복무 혜택을 줄 수도 있다. 또한 중소기업의 해외 진출을 위해 국가기관, 예를 들면 대한무역투자진흥공사(KOTRA)가 대학, 중소기업 등과 협력해야 한다. 이뿐만 아니라 정부의 R&D 자금 배분을 대기업 위주에서 중소기업 중심으로 바꾸어야 한다.

대기업, 중소기업 간 동반성장으로 우리가 얻게 되는 것은 무엇일까?

첫째, 대기업에 고여 있는 자금을 투자 대상이 많은 중소기업에 흘러가게 하면 중소기업의 투자가 활성화될 것이다. 그 결과 우리 경제는 중소기업의 투자 증가 → 생산 증가 → 고용 증가 → 소득 증가 → 소비 증가 → 경기 침체 완화 → 지속적 성장이라는 연결고리를 만들 수 있다. 이를 통해 단기적으로는 저성장을 탈피하면서, 동시에 장기적으로는 지속적 성장으로 나아가는 발판을 만들 수 있을 것이다.

둘째, 대기업, 중소기업 간 동반성장은 여러 가지 양극화로 인한 사회 갈등과 분열을 해소하는 데 기여할 것이다. 왜냐하면 연결고리의 중심에 있는 중소기업이 우리나라 기업의 99%, 전체 고용의 88% 이상을 차지하고 있기 때문이다.

1.3 동반성장의 필요성

양극화 문제의 심각성에 대한 우리 사회의 인식은 우려할 정도로 부족하다. 이는 우리 사회가 아직도 지난 반세기 동안의 선성장, 후분배의 관성에서 벗어나지 못하고 있기 때문이다. 또한 오랜 세월을 거치며 확립된 불공정한 분배 관행과 기존 이해관계의 조정이 쉽지 않기 때문이기도 하다.

양극화의 개선 없이는 성장 둔화를 피할 수는 없다. 동반성장은 이와 같은 문제의식에서 출발했으며, 한국 경제가 저성장의 늪으로부터 벗어나는 탈출구가 될 수 있다. 물론 동반성장이 만병통치약은 아니다. 하지만 지금 한국 경제가 처한 저성장과 양극화의 위기를 극복할 수 있는 최선의 길임은 분명하다. 여기에서는 먼저 경제사회의 작동원리를 소개하고, 동반성장이 무엇인지 개괄한 뒤, 동반성장의 원리와 왜 동반성장이 한국 경제의 위기를 극복할 성장전략인지를 간단히 살펴보고자 한다.

경제사회의 작동원리

세계 경제는 21세기 들어 신종 코로나바이러스 충격 훨씬 이전부터 크게 변화하고 있었다. 2008년 미국발 글로벌 금융위기 이후 유럽과 미국은 '신자유주의 시장경제'의 실패를 인정하고 새로운 경제모델을 모색해왔다. 2012년 '대전환: 새로운 모델의 모색(The Great Transformation: Shaping New Models)'이란 주제로 개최된 다보스 포럼이 대표적 예다. 이때 참석자들은 '사회적 공정성과 불평등 해소를 등한시한 것'을 반성했고, 언론은 '다보스 포럼이 자본주의를 버렸다'라고까지 평했다. 2011년의 '월가를 점령하라(Occupy Wall Street)' 운동은 새로운 세계를 바라는 외침이었다.

그로부터 10년 가까이 지난 지금 새로운 모델은 만들어졌을까? 국가별로 부분적인 개선은 있었을지언정 질적인 변화를 수반한 새로운 경제모델은 아직 만들어지지 않았고, 대중들의 경제적 불평등 사회에 대한 반감과 해소 열망은 더욱 거세졌다.

신자유주의 시장경제의 특징은 작은 정부, 효율성, 민영화, 노동시장 유연화 등으로 요약된다. 이들 특징을 관통하는 것은 '자유로운 경쟁'이다. '자유'와 '경쟁'은 특권을 가진 소수만이 자유로운 경제활동을 했던 중상주의 경제질서로부터 모두가 자유롭게 경제활동을 하는 시장경제로의 이행을 촉진함으로써 자본주의 출현의 촉발제가 되었다. 그리고 자본주의 시장경제의 비약적 발전의 원동력이었던 슘페터의 '혁신적 기업가(entrepreneur)'의 지속적 출현도 자유로운 경쟁이 가능했기 때문이다. 따라서 자유와 경쟁은 자본주의 발전의 자양분으로 작용했다.

그러나 자유와 경쟁을 무한하게 확장한 신자유주의적 자본주의는 자본주의 자체를 위협하는 부메랑이 되고 있다. "경제모델을 바꾸지 않으면 자본주의는 없어질 수도 있다"는 칼라일 그룹 회장 데이비드 루벤스타인의 고백은 그런 위기의식을 잘 보여준다. 자본주의가 위협받는 이유는 애덤 스미스가 말했던 '공정한 관찰자(impartial spectator)' 정신을 무시했기 때문이다. 공정한 관찰자 정신은 개인의 이기심을 실현하는 자유와 경쟁을 무한히 허용하지 않고, 타인의 권익을 침해하지 않는 도덕적 한계 내에서만 허용한다. 이런 공정한 관찰자가 사라지고 무제한의 자유와 경쟁만 남은 신자유주의 시장경제는 타인에 대한 고려 없이 오직 개인의 이익만을 추구함으로써 경제 불평등을 심화시켰다.

애덤 스미스는 인간의 자기중심적, 이기적 욕구가 신의 섭리나 국가의 중재 없이도 건전한 사회질서와 양립할 수 있다고 보았다. 그 근거로 인간의 본성에 내재된 도덕적 기초를 내세웠다. 자신의 저서 『도덕감정론(The Theory of Moral Sentiments)』에서 그는 인간에게는 '공감(sympathy)'이라는 본성이 내재되어 있으며, 이 능력이 사회의 질서와 조화를 유지할 수 있게 해주는 원리로 작용한다고 보았다. 여기서 공감은 인간의 본성을 객관적으로 관찰할 수 있는 능력, 즉 '공정한 관찰자'의 능력을 포함한다. 인간은 '공정한 관찰자의 눈'이라는 객관적인 입장에서 자신의 행동을 평가할 수 있기 때문에, 자신의 행동을 다른 사람이라면 어떻게 생각할지를 상상할 수 있다는 것이다. 인간이 공정한 관찰자의 입장에서 관찰했을 때, 자신도 동일한 입장이었다면 같은 행위를 했을 것이라고 공감할 수 있는 행위라면, 그 행위는 도덕적인 것이라고 판단할 수 있다. 그 결과 인간은 도덕성을 갖게 되고, 이러한 도덕적 기초가 존재하기 때문에 타인 또는 절대권력의 간섭이나 규제 없이도 자신의 이기적 욕구를 바탕으로 사회질서를 유지하면서, 자신의 이익과 공동의 번영을 동시에 추구하게 된다는 것이다.

나아가 인간이 공감할 수 있는 범위 내에서 행위를 한다면, 그 행위는 도덕적인 것이기 때문에 행위의 동기 자체가 이기적이냐 이타적이냐는 문제가 되지 않는다. 이것이 바로 스미스가 인간의 도덕성에 의해 제어된 이기적 행위를 부정적으로 판단하지 않은 이유다. 즉 애덤 스미스는 중상주의 질서가 무너지고 자유에 기반한 새로운 사회가 만들어질 때, 그 사회에서 질서와 조화를 지속적으로 유지하는 데 필요한 일반원리를 인간의 도덕적 능력에서 찾아냈다.

이러한 원리는 애덤 스미스가 『도덕감정론』 초판을 출간한 지 17년 후에 저술한 『국부론(An Inquiry into the Nature and Causes of the Wealth of Nations)』의 중요한 전제가 되었다. 특히 스미스는 『국부론』에서 인간의 이익 추구를 위한 '교환 성향(propensity to exchange)'에 따라 사회적 분업이 일단 확립되면, 모든 사람들이 서로 알지도 못하는 타인의 노동생산물로 각자의 생활을 꾸려가는 시장사회가 형성된다고 보았다. 그리고 이러한 시장사회의 번영과 질서를 가져오는 것은 이기심뿐만 아니라 타인의 생명, 신체, 재산, 명예를 침해하지 않는, 즉 페어플레이 규칙을 지키는 도덕성이라고 보았다.

자신의 이익만 추구하기보다 상대방과 이익을 나누는 것이 더 바람직하다는 '죄수의 딜레마'를 거론하지 않더라도, 인류사와 경제 분야의 많은 연구는 경쟁만 하기보다는 함께 협력할 때 참여자에게 더 많은 이익이 돌아간다는 사실을 보여주었다. 따라서 바람직한 경제질서 구축을 위해서는 경제 주체들 간의 '공정한 자유와 경쟁'도 중요하지만 '협력'하는 문화와 제도를 더욱 넓고 깊게 구축하는 것이 필요하다.

21세기형 '공정한 관찰자'는 더불어 협력하여 성장하고 함께 나누는 '동반자 의식'이다. 나는 그것이 공동체 구성원의 지속적인 행복과 경제 발전을 가능하게 만든다고 믿는다. 그래서 나는 동반성장이 오늘날 경제적 약자의 불안을 극복하고, 경제를 재도약시킬 구체적이고 실천적인 대안이라고 생각한다.

우리 사회 구성원들이 상호 공존하기 위해 특별한 노력과 정성을 기울이지 않는다면, 동반성장은 영원히 이상으로만 남게 될 것이다. 특히 정부의 강력한 정책 의지 속에 대기업의 선도적 변화와 중소기업의 자소(自助)가 어우러진 삼위일체가 동반성장의 핵심 동력이다. 많은 나라들이 '공정한 관찰자' 정신에서 대기업, 중소기업 간 이익 공유를 시행해왔듯이, 우리 기업들도 이익 공유 등을 통한 동반성장을 합의할 수 있다면, 한국이 더 도약하고 도덕적으로 더욱 성숙한 사회로 나아가는 중요한 계기가 될 것이다.

동반성장은 20세기와 구분되는 21세기 우리 사회의 시대정신(Zeitgeist)이다. 그것을 이루지 못하면 서민 경제가 파탄 나고, 경제 전체가 붕괴되어 안정된 사회를 유지하기 힘들 수 있다. 그러나 그것에 성공하면 새로운 성장동력으로 한국 경제가 다시 한 번 도약할 수 있을 것이다.

동반성장이란 무엇인가?

'동반성장'은 더불어 성장하고 함께 나누어서 다 같이 살기 좋은 사회를 만들자는 취지에서 나왔다. '함께 나누자'는 것은 있는 사람 것 빼앗아서 없는 사람 주자는 것이 아니다. 그보다는 경제 전체의 파이를 크게 하되 분배의 룰을 조금 바꾸자는 것이다. 성장을 추구하지 않는 재분배는 그저 제로섬 게임일 뿐이다. 한국의 GDP가 100인데 이 총생산물이 부유한 계층에게 80, 가난한 계층에게 20으로 분배되었다고 하자. 동반성장이 추구하는 것은 GDP를 100에서 한 예로 110으로 키우되, 추가로 늘어난 성장의 과실을 조금 더 형평성 있게 분배하자는 것이다. 10이라는 과실을 종전처럼 분배해서 부빈 간에 8대 2로 나누는 대신, 4대 6으로 나누어 부자의 소득은 84가 되고 빈자의 소득은 26이 되도록 할 수 있다. 그렇게 부자와 빈자 모두 성장의 과실을 더 얻지만 빈자의 증가분이 부자의 증가분보다 조금이라도 크게 하자는 것이다.

동반성장이 자본주의에 위배된다는 반론도 있다. 자본주의는 이익 극대화를 보장해주어야 하는데, 동반성장은 이익 극대화를 못하게 하자는 것이니 자본주의와 반대된다는 주장이라는 것이다. 이익 추구를 위한 개인의 자유를 보장하는 것은 자본주의 사상의 핵심이며, 동반성장도 이를 부정하지 않는다. 그러나 이익 추구를 위해서라면 무엇이든 해도 좋다는 것은 탐욕이다. 그것은 자본주의의 참모습이 아니다. 기업의 입장에서는 눈앞의 이익 극대화를 통해 주가를 끌어올리고, 나아가 주주의 이익을 극대화하는 것도 중요하다. 그러나 기업 활동에 직간접으로 참여하는 이들 중에는 근로자들과 협력업체들도 있으며, 무엇보다 고객이 있다. 주주의 이익뿐만 아니라 이들의 이익이 모두 극대화되어야 궁극적으로 그 기업의 가치도 극대화될 수 있다. 한국의 자본주의는 단기적인 이익 극대화를 기업의 유일한 목표로 간주하는 사고방식이 만연해 있다. 이런 생각이 대기업들의 중소 상공인들에 대한 부당한 상거래 관행을 정당화하는 논리로 악용되고 있다. 고객, 근로자, 협력업체에게 성과가 합당하게 돌아가도록 하는 것이 한국의 자본주의가 지향해야 할 새로운 모습이다.

동반성장과 새로운 사회공동체의 핵심 가치

동반성장은 21세기를 살아가는 삶의 철학이자 새로운 사회공동체를 만들기 위한 핵심적 가치로, 그 적용범위가 매우 넓다. 대기업과 중소기업 간 동반성장을 넘어 빈부 간, 지역 간, 수도권과 비수도권 간, 도시와 농촌 간, 남녀 간, 세대 간, 남북한 간, 그리고 국가 간에도 동반성장이 필요하다. 그러나 현시점에서 무엇보다도 대기업과 중소기업 간 동반성장이 가장 절실하다. 대기업이 주로 부자들이고, 도시 특히 서울에 많으므로 대기업과 중소기업 간 문제가 풀리면 다른 문제도 비교적 쉽게 풀릴 수 있기 때문이다.

서울대학교가 2005년 입시부터 채택해 온 '지역균형선발제'는 지역 간 동반성장을 위한 것이고, 폐쇄되기 전까지의 개성공단은 남북한 간의 동반성장에 도움을 주었으며, 만병통치약은 아닐지 몰라도 자유무역협정(FTA, free trade agreement)은 국가 간 동반성장을 위한 시도다.

코로나 19는 그간 많이 허물어진 국가 간의 벽을 다시 세워, 국가 간 무역은 줄어들 것이다. 그럴수록 개방경제를 추구해온 한국경제는 국가 간의 동반성장이 특별히 중요하다. 국가 간의 동반성장은 어떻게 이루어지고 또 유지될 수 있을까? 사람 간의 관계든 국가 간의 관계든 모든 관계는 식물을 기르는 것과 같다. 겉으로 잘 자라는 것처럼 보이더라도 계속 관심을 갖고 보살펴야 한다.

구체적으로는 어떻게 해야 할까? 바로 신뢰다. 눈에 보이고 손에 잡히는 경제적 성과는 오래가지 못하기 일쑤다. 그래서 양국 간의 관계는 경제적 가치보다 더 크고 견고한 가치에 뿌리를 내려야만 두 나라 모두 더 멀리 미래를 내다보며 더 풍성한 열매를 맺을 수 있다.

눈앞의 이익을 추구하기보다 서로의 장기적 발전을 내다볼 때 신뢰가 쌓이고, 그 신뢰를 바탕으로 더 큰 성과를 만들어낼 수 있다. 나는 그것이 바로 동반성장의 실현이며 눈앞의 신종 코로나바이러스 전염병에 대한 효과적인 대응이라고 생각한다.

동반성장의 원리 – 국가 경제의 선순환

동반성장의 원리는 국가 경제의 선순환을 되살리는 것이다. 국가 경제의 선순환은 낙수효과(top-down track)와 분수효과(bottom-up track)의 두 가지 흐름으로 구성된다.

첫째, 낙수효과는 부자와 대기업, 성장산업 등 선도 부문의 성장효과가 아래로 잘 흐르도록 하는 것이다. 그러나 여기서 낙수효과를 되살린다는 말을 과거 산업화 초기에 불균형 성장전략으로 사용되었던 '선택과 집중' 정책의 부활로 오해해서는 안 된다. 한국 경제는 이미 1960~70년대의 고도 성장기 단계를 지난 지 오래되었기 때문이다. 동반성장을 통한 낙수효과의 회복은 불법과 편법을 근절하고 공정한 경쟁 질서를 확립함으로써 지속가능한 낙수효과를 회복함을 의미한다. 2012년 대선 과정에서 경제민주화라는 가치와 함께 재벌 개혁이나 대기업의 불공정 하도급거래 근절과 같은 대책들이 논의되었는데, 이러한 대책들은 낙수효과를 정상화하기 위한 노력이라고 할 수 있다.

보다 구체적으로 대기업 집단의 지배구조를 투명하게 만들고 과도한 경제력 집중을 억제할 필요가 있다. 그리고 대기업, 중소기업 간의 하도급거래에서 납품단가 후려치기나 기술 탈취 같은 불공정 거래 관행을 근절하려는 노력이 필요하다. 골목상권을 보호하고 중소기업 적합업종을 지정하는 노력도 병행해야 할 것이다. 우리 사회 일각에서는 이런 노력이 시장경제 원리를 파괴하는 과도한 규제라고 여기는 부정적인 시각이 아직 남아 있다. 그러나 이러한 시각은 시장경제를 잘못 이해한 결과다. 불법과 편법, 그리고 경제력의 남용이야말로 시장경제를 파괴하는 요소다. 따라서 만인이 법 앞에서 평등한 법치주의를 확립하고, 모든 국민에게 균등한 기회를 부여하는 공정한 경쟁질서를 창출하는 것이야말로 동반성장의 요체이자 시장경제를 바로 세우는 길이다.

둘째로, 하도급 중소기업, 비정규직 노동자, 영세 자영업자 등에 대한 의식적 배려와 적극적 지원을 통해 경제적 취약계층의 생활을 안정시키면서 내수 확대를 유도하는 분수효과가 필요하다. 낙수효과의 정상화가 시급한 과제인 것은 틀림없지만, 이것만으로 한국 경제가 봉착하고 있는 양극화와 저성장의 문제를 극복하기에는 충분치 않다. 시장이 아무리 공정하게 작동하더라도 능력이 부족해서 또는 운이 없어서 낙오하는 사람들이 생겨나기 마련이다. 더구나 우리나라에서는 지난 반세기 동안 시행된 극도의 불균형 성장전략의 결과, 구조적 장벽이 너무 높게 설치되어 있다. 따라서 다수 국민의 고용과 소득을 늘리는 데 정책적 노력을 집중할 필요가 있다. 이는 서민층의 생활을 안정시키는 직접적인 효과뿐만 아니라, 내수의 확대를 통해 중소기업과 자영업자의 고용과 투자를 자극함으로써 성장을 가속화하는 간접적인 효과도 가져올 것이다.

동반성장을 위해서는 낙수효과와 분수효과의 선순환적 결합이 이루어져야 한다. 우리 사회의 보수진영은 낙수효과만을 일방적으로 강조하는 경향이 있다. 그러나 시장만능주의를 맹신한 결과 오히려 공정한 시장 경쟁을 파괴하고 기득권을 고착시키면서 경제 성장의 혜택을 '그들만의 잔치'로 만들어버렸다. 반면 우리 사회의 진보진영에서는 분수효과만을 일방적으로 강조하는 경향이 있다. 그러나 이는 자칫 개인의 '경제적 의지'를 훼손하고 시장경제의 역동성을 떨어뜨리면서 복지정책을 통한 사후적 분배에 과도한 부담을 지우는 문제가 있다. 따라서 낙수효과와 분수효과 중 어느 하나의 경로만으로는 동반성장을 달성할 수 없다. 낙수효과와 분수효과를 결합하여 선순환 효과를 살려내는 동반성장만이 우리가 살길이다.

동반성장은 우리 사회가 '윈-윈'할 수 있는 성장전략이다

그런데 재벌을 비롯하여 일부 국민들은 우리 경제에 동반성장이 왜 필요한지에 대해 귀를 기울이려 하지 않고, 특히 '동반(同伴)'이라는 말이 주는 막연한 느낌만으로 일단 반대부터 하고 있어 안타깝다. 특히 재벌 대기업들에게 동반성장은 동의를 얻기 힘든 화두일 수 있다. 실제로 재벌 대기업들은 동반성장이란 아이디어가 나오자마자 여러 경로를 통해 동반성장을 폄훼하고 방해했다. 동반성장을 제대로 하다가는 자신들이 손해를 본다는 인식 때문이다. 대기업들은 수십 년 동안 중소기업과의 불공정한 게임으로 누려왔던 이익을 포기해야 할 뿐만 아니라, 도리어 중소기업을 위해 자기 돈을 써야 한다고 오해했을 것이다. 적어도 단기적으로는 재벌 대기업의 일정한 양보가 있어야 하는 것은 사실이다. 그런 의미에서 재벌 대기업들이 격렬하게 반발하는 것은 어쩌면 당연한 반응일 수도 있다.

그러나 '동반'이라는 앞부분에만 고정되어 있는 시선을 조금만 넓혀 보면 '성장'이라는 말이 함께 시야에 들어온다. 지금 우리 경제는 재벌 중심의 경제력 집중이 도를 넘다 보니 경제 전체가 역동성을 상실한 상황에 이르렀다. 기업 부문의 역동성이야말로 자본주의 성장의 핵심이다. 따라서 이러한 경제력 집중 문제를 서둘러 해결하지 못한다면, 한국 경제는 지속적 성장을 기대하기 어려울 것이다. 동반성장은 말 그대로 낙수효과와 분수효과의 선순환을 통해 지금의 과도한 경제력 집중을 해결하고 성장의 과실을 부유층과 빈곤층, 대기업과 중소기업이 함께 나눔으로써, 우리 사회가 '윈-윈'할 수 있는 균형 성장전략이다.

지금까지 우리는 동반성장의 원리를 통해 동반성장에 대한 큰 그림을 그렸다. 이제 우리 경제에 동반성장이 왜 필요한지 이론적, 철학적으로 생각해보자. 우리의 궁극적 목적은 자본주의의 참모습을 이해하고 나서 동반성장이 한국 자본주의의 건전한 발전에 역행하기보다는 오히려 필수불가결한 요소라는 점을 공감하는 것이다.

2장

자본주의의 참모습

자본주의의 철학과 제도는 외국으로부터 수입된 것이다. 우리 스스로 만들어낸 경제체제가 아니다. 하지만 한국 경제는 그 누구보다도 새로운 제도에 잘 적응해 불과 두 세대 만에 세계 최빈국에서 '50-30클럽(인구가 5천만 명 이상이면서 1인당 국민소득이 3만 달러 이상인 국가를 지칭)'에 속하게 되었다. 그러나 이러한 눈부신 성장에도 우리는 아직 자본주의에 대해 제대로 알지 못하고 있다. '자본주의란 무엇인가'라는 생각을 깊게 해보지 않았기 때문이다.

자본주의의 참모습은 무엇인가? 자본주의의 여러 가지 모습 중 신자유주의적 자본주의, 또는 자유방임적 자본주의가 지난 20세기 말 이후 최근까지 수십 년 동안 전 세계를 휩쓸었다. 그러나 최근에는 자유방임적 자본주의를 통한 무차별적 이윤 추구는 자칫하면 자본주의를 망칠 수도 있다는 우려가 확산되고 있다. 특히 미국발 글로벌 금융위기 이후, 지금까지 추구해온 이윤 극대화 중심의 자본주의는 수정이 불가피하다는 인식이 빠르게 퍼지고 있다. 그렇다면 우리가 추구해야 할 자본주의의 참모습은 무엇일까?

자본주의가 다른 경제체제와 가장 크게 다른 점은 경제 주체들이 이윤 극대화를 자유롭게 추구할 수 있다는 것과, 주체들 간에 경쟁이 벌어진다는 것이다. 이 장에서는 자본주의가 허용하는 이윤 극대화와 완전경쟁의 전제조건을 살펴봄으로써 자본주의의 참모습이 어떤 것인지 알아보도록 한다. 그에 앞서 신자유주의 또는 자유방임적 자유주의 철학이 과연 오늘날 우리 사회의 작동원리로서 적합한 것인지 살펴보자.

2.1 한국 사회와 자유방임적 자본주의

친재벌 성향의 이념가들은 우리 사회가 미제스(Ludwig von Mises), 하이에크(Friedrich Hayek), 프리드먼(Milton Friedman) 등 자유주의 사상가들이 그리는 모습을 닮아가야 한다고 역설한다. 이들의 자유주의 사상은 막강한 경제적 힘을 가진 재벌들의 이익을 극대화하는 데에 적합한 학설인 반면, 경제적 약자에게는 인색하고 절망적인 학설이다. 이 학설은 논리 전개가 군더더기 없이 깔끔하고 냉정한 철학적 체계로서 나름의 논리와 장점을 분명히 가지고 있으며, 지난 수십 년 동안 세계의 시대적 흐름에 지대한 영향을 미쳤다는 사실만은 분명하다.

자유방임적 자본주의란?

자유주의 사상가들은 '기업이란 수익을 극대화하는 것 이외에는 다른 데에 신경 쓸 필요도 없고 신경 써서도 안 된다'고 주장한다. 이런 주장의 배경에는 소비자와 기업이 각자 자신의 효용 또는 이윤을 극대화하면 '보이지 않는 손'에 의해 사회적 후생도 극대화된다는 이론이 자리 잡고 있다.

"타인에 대해 염려할 필요 없이, 그저 나 자신의 이익과 효용만을 추구하더라도 저절로 모든 사람들에게 혜택이 돌아간다는 것이 저 위대한 경제학의 아버지 애덤 스미스의 철학이다." 수많은 사람들은 이 말에서 스스로에 대한 양심의 가책을 면하고 커다란 위로를 얻었을 것이다. 이 말은 또 기업이 사회적 책임을 요구하는 각계의 목소리를 무시하더라도 아무런 상관이 없으며, 이런 목소리에는 신경 쓰지 말고 오로지 돈이나 최대한으로 더 벌라는 의미로 읽혔을 테니 그들에게 얼마나 고마운 말이었을까? 타인의 비판과 질시로 인한 양심의 가책에서 단번에 자신을 해방시켜주는 말이었을 것이다.

"기업의 사회적 책임은 수익을 올리는 것이다." 1970년 9월 13일 프리드먼은 「뉴욕 타임스」에 기고한 글[1]에서 이렇게 말했다. 기

1 https://www.nytimes.com/1970/09/13/archives/a-friedman-doctrine-the-social-responsibility-of-business-is-to.html

업은 이익을 올리는 것 이외에 고용을 창출하고, 공해를 피하는 일 등에도 신경을 써야 한다는 주장에 대해 단호하게 반대하고 나선 것이다. "그런 주장을 펴는 사람들은 순수한 사회주의를 설파하는 사람들이다. 그런 식으로 말하는 사람들은 자기도 모르는 사이에 자유로운 사회의 토대를 잠식하는 지적(知的) 세력의 꼭두각시들이다"라고도 주장했다. 이것이 바로 오늘날 우리 사회의 친재벌 성향의 이념가들, 다시 말해 자유시장주의자들이 가지고 있는 정통적 견해(orthodox view)다. 기업들이 안고 있는 유일한 사회적 책임은 주주들의 이익 극대화라는 주장이다.

이들은 또한 "장기적으로 주주 가치를 극대화하는 것이 시간과 돈을 자선사업에 희사하는 것보다 훨씬 커다란 사회적 기여를 하는 셈이다"라고 주장한다. 이것 역시 일리 있는 말이다. 자본주의 경제는 그 성과를 사회 구성원 모두에게 골고루 확산시켜 빈곤 문제를 해결해왔다. 결국 각자 자기가 할 일을 묵묵히 하면 되지, 남 생각을 따로 해줄 필요가 없다는 얘기다. 사실 각자가 자신의 이익을 극대화했을 뿐이었는데도, 그 결과 경제 전체의 부가 늘어나 수많은 사람을 빈곤에서 구제해주지 않았던가?

자유방임적 자유주의 사상은 특히 20세기 후반 이후 세계화(globalization) 조류의 철학적 배경이 되었다. 게다가 전 세계가 자유방임적 자유주의 사상이 가리키는 방향으로 움직이던 세계화 과정 중에 실제로 세계 경제가 상당히 발전하기도 했다. 가장 두드러진 예가 오늘날의 중국이다. 중국은 1970년대 말 이후 사회주의 경제 방식을 포기하고 "돈을 많이 버는 것은 그 자체로 영광스러운 일이다"라는 덩샤오핑의 선언에 따라 인민 각자가 이익 추구에 나서도록 독려했다. 그 이후 불과 4반세기 만에 수억 명의 중국인들이 빈곤에서 탈출할 수 있었다. 중국뿐만 아니라 인도, 베트남 등에서도 수십 년에 걸친 세계 경제의 글로벌화로 일자리가 늘어나면서 수억 명의 사람들이 빈곤 탈출에 성공했다.

이처럼 대규모 인구가 빈곤에서 한꺼번에 벗어난 경우는 인류 역사상 유례가 없는 일이었다. 빈곤 문제 해결을 위해 재분배를 최우선으로 추구했던 사회주의 경제조차 성취하지 못한 일을 재분배는 별로 신경 쓰지 않던 자본주의 경제가 해낸 것이다. 이를 보아도 자본주의 시장경제가 얼마나 유익하고 효율적인 발명품인지 알 수 있다.

기업의 이윤 극대화와 경제 전체의 안정성

기업의 이윤 극대화는 그 자체로 경제 전체에 유익하다. 기업이 가장 중요시해야 할 첫 번째 덕목은 이윤을 올리는 것이다. 기업이 이익의 극대화를 위해 노력하지 않고 다른 데에 신경을 쓴다면 어떻게 될까? 예를 들어 어떤 과시를 위해 이윤이 아닌 규모에 더 신경을 쓴다면, 그 기업의 생존은 물론 경제 전체에 부정적인 상황을 초래할 수 있다. 수익성을 고려하지 않고 이익도 나지 않는 부문에 문어발식 투자에 나섰다가, 기업이 파산한다면 어떻게 되겠는가? 그런 기업의 규모가 크면 클수록, 숫자가 많으면 많을수록, 경제 전체가 위험해진다. 이는 우리가 직접 경험한 일이기도 하다. 1990년대 들어 IMF 위기 직전까지의 상황이 바로 그것이었다.

당시 재벌 대기업들은 이윤 극대화가 아니라 매출의 극대화, 자산의 극대화를 최우선 경영 목표로 삼았다. 재벌의 순위도 수익성이 아니라 매출액 순위로 결정되었다. 이익을 내지 못하면 수익성이 떨어져 부도의 위험이 커지지만, 재벌 대기업들에게는 언제라도 돈을 빌려줄 준비가 되어 있는 은행들이 있었기 때문에 부도를 걱정할 이유가 전혀 없었다. 그들은 수익률에 신경 쓰지 않고 계열사를 최대한 늘려나갔다.

자동차에서 아파트, 전자제품, 레저, 건설, 도시락까지 재벌이 진출하지 않은 분야가 없었다. 서로 연관성이 없어 보이는 사업들에 무차별적으로 진출했다. 아침에 일어나 잠자리에 들 때까지 재벌 대기업이 생산하는 상품과 서비스를 소비하지 않고는 살 수 없는 세상이 되었다. 이를 위해서는 엄청난 투자가 계속 필요했다. 문어발식 경영이라는 비판은 흘려버렸다. 그 결과 1990년대 들어 IMF 위기 직전이던 1997년까지 우리 경제에서는 투자율이 투자 수익률을 웃도는 상황이 벌어졌다. 투자율이 투자 수익률보다 높다 함은 투자를 할수록 손해가 난다는 의미다. 경제 전체적으로 부실 투자와 과잉 투자가 진행되고 있었다는 뜻이다.

기업 부문의 광범위한 부실은 기업에 대출해준 은행의 부실로 이어졌고, 급기야 1997년에 경제위기가 발생했다. 1998년에 파산한 재벌 대기업들의 부실 투자 프로젝트는 대부분 1990년대 중반에 착수된 것이었다.

경제위기가 발생하자 우리 경제는 당시로서는 천문학적 액수였던 168조 원에 달하는 공적자금을 투입하여 부실 금융 청산에 나설 수밖에 없었다. 경상 GDP의 30%가 넘는 규모였다. 그때까지 경제 규모에 대비해 이렇게나 많은 돈이 들어갔던 금융위기 사례는 우리나라가 처음이었다. 그뿐만 아니라 금융위기에 따른 신용경색과 경기위축으로 수많은 기업이 무더기로 흑자 도산했다. 사람들은 직장을 잃고 실업자 신세가 되어야 했다. 그로 인한 경제적, 사회적 후유증은 오늘날까지도 완전히 치유되지 않고 있다.

이런 의미에서 기업이 이윤 극대화를 최우선 순위로 놓는 것은 바람직한 일로 보아야 한다. 기업이 이윤 창출을 제대로 하지 못하면 기업 자신의 생존이 위험에 처할 뿐만 아니라 경제의 지속적인 발전 또한 기대할 수 없다.

자유방임적 자본주의 철학이 오늘날 우리 사회의 운영원리여야 하나?

이윤 극대화가 기업 활동의 가장 중요한 목적이라는 점에 대해서는 아무도 이의를 제기할 수 없다. 나는 재벌 대기업이 추구하는 이윤 극대화를 부정하지 않는다. 그런데 이윤 극대화가 '기업 활동의 가장 중요한 목적'이라는 말과, 이윤 극대화가 '기업 목적의 전부'라는 말은 그 의미가 매우 다르다. 자유주의 사상가들은 이윤 극대화가 기업 활동의 가장 중요한 목적이라는 명제를 넘어, 이윤 극대화가 기업 목적의 전부라고 생각한다. 그러나 건강한 자본주의는 이윤이 수단일 뿐 목적 자체가 될 수 없다.

이윤 극대화에는 전제조건이 있으며, 그 전제조건을 충족시켜가면서 창출되는 이윤 극대화야말로 건강한 자본주의 경제에서 기업이 추구해야 할 최상의 목표라고 볼 수 있다. 그렇다면 이윤 극대화 이전에 충족되어야 할 전제조건이란 무엇인가? 전제조건의 충족 여부가 왜 건강한 자본주의와 타락한 자본주의를 가르는 중요한 기준이 되는가? 건강한 자본주의 경제에서 기업의 역할, 특히 우리나라에서 재벌 대기업이 해야 할 역할은 무엇인가?

2.2 자본주의의 참모습 1

이윤 극대화의 전제조건

이윤 극대화의 전제조건 ① 법률의 준수

기업의 자유를 외치는 프리드먼을 비롯한 자유시장주의자나 자유방임주의자들의 주장 속에는 매우 중요한 전제가 있다. 그들이 말하는 기업이란 법을 준수하는 기업이다. 법을 준수하는 기업의 유일한 사회적 책임이 이윤 극대화라는 것이지, 이윤 극대화를 위해서라면 법률을 준수하지 않아도 좋다고 말하는 게 아니다.

이는 재벌 대기업들이나 친재벌 성향의 이념가들이 신주 모시듯 하는 프리드먼의 입에서 나온 말이다. 여기에 대해 우리나라 재벌 대기업들은 할 말이 있을까? "이윤 극대화만 하면 되지 않느냐?"라고 말할 자격이 있으려면, 그 기업은 최소한 프리드먼의 말대로 법률만이라도 준수하는 회사라야 한다.

이윤 극대화의 전제조건 ② '게임 규칙'의 준수

법률을 지키는 것만이 다가 아니다. 프리드먼은 정확히 다음과 같이 말했다. "기업의 사회적 책임은 하나가, 그리고 단 하나가 있다. 그것은 기업이 게임의 규칙 안에 머물러 있으면서 그 기업의 이익을 증가시키는 활동에 자원을 사용하고 적극적으로 참여하는 것이다. 말하자면 공개되고 자유로운 경쟁에 적극적으로 참여하는 것이다."

그렇다면 여기서 '게임의 규칙'이란 무엇을 말하는 걸까? 프리드먼은 여기에 대해 그다지 명확하게 설명하고 있지는 않다. 다만 법률보다 광범위한 개념임은 분명하다. 자본주의 시장에 참여하고 있는 사람들이라면 누구나 공감할 수 있는 유 · 무형의 규칙 정도로 정의할 수 있을 것이다. 비록 법률 조항처럼 명문화하기는 어렵더라도 경제활동에 참여하고 있는 사람이라면 누구나 알고 느낄 수 있는 규칙을 가리키는 것으로 보인다. 어길 경우 비록 법률에 저촉되어 구속되지는 않더라도, 시장 참여자들의 지탄을 받을 만한 일이 여기에 해당한다.

이처럼 자유주의자들이 주장하는 시장경제 원리에는 법률과 게임의 규칙을 준수해야 한다는 전제조건이 있다. 규칙을 지키고 법률을 준수하며 최선을 다해 이윤을 극대화하라는 말에 틀린 점은 없다. 그런데 왜 우리나라에서는 자유주의자들이 강조한 '게임의 법칙

안에' 또는 '법률을 준수하는' 등의 핵심 전제조건들은 무시되고 오로지 이윤 극대화라는 결과만 강조하게 되었을까? 자유주의자들의 철학이 친재벌 성향의 교수, 지식인, 그리고 언론인의 머릿속에 들어갔다가 입으로 나오는 순간, 의미가 변질되어버리는 현상은 매우 안타깝다.

건강한 자본주의에서 이윤 극대화는 기업 목적의 전부가 아니다

1970년 「뉴욕 타임스」에 실렸던 프리드먼의 말은 그 자체로서는 옳은 말이지만 아쉽게도 자본주의에 대한 그의 협소한 시각을 보여주는 말이기도 하다. 이윤을 극대화하여 주주 가치를 최대로 높이는 것은 투자자들에게는 가장 좋은 전략임이 분명하다. 그러나 자본주의 시장경제에는 투자자들만 존재하는 게 아니다. 종업원도 있고 소비자도 있으며 다른 기업들도 있다. 그 기업이 경쟁관계에 있건 보완관계에 있건, 하청기업이건 납품업체이건, 우리 경제 안에 재벌 대기업만 존재하는 게 아니다. 따라서 재벌 대기업과 함께 시장에 참여하는 중소기업들이 각자 자신의 능력에 맞게 이익을 내는 것도 국가 경제의 입장에서는 굉장히 중요하다.

기업 활동이 투자자 및 주주들의 이익을 극대화시키는 것은 물론, 의도하던 의도하지 않던 종업원, 다른 기업 등 국가 경제를 구성하는 각 부문에도 긍정적인 영향을 미치는 것이 자본주의 경제의 진정한 강점이다.

예를 들어 이성에 대한 사랑의 목적은 무엇인가? 종족 번식이 사랑의 궁극적 목적이라고 말하는 학설도 있다. 이성에 대해 사랑을 느끼는 이유는 결국 나의 DNA를 후세에 퍼뜨리기 위함이라는 뜻이다. 포유류는 물론 조류와 파충류, 심지어 곤충의 세계에서도 약육강식의 치열한 생존경쟁을 벌이는 이유는 짝짓기를 통해 새끼를 낳아 종족을 번식시키려는 본능 때문이라는 것이다. 매우 그럴듯한 가설이다. 많은 동물들이 아름다운 외양을 하고 있는 이유도 가장 우수한 상대를 유혹하여 자신의 유전자가 널리 확산될 확률을 높이기 위한 무의식적 선택의 결과라고 한다.

그러나 정말로 종족 번식이 사랑의 유일한 목적인가? 그것은 사랑의 목적을 너무나 편협하게 해석하는 것이다. 사람들이 결혼을 하고 아이를 낳아 기르는 것이 자신의 DNA를 후세에 퍼뜨리기 위한 행동일지는 몰라도, 종족 번식이 유일한 사랑의 목적이라고 할 수는 없다. 아내를 사랑하고 아이들을 보살피는 그 자체가 인생의 기쁨이자 목적인 것이지, 나의 사랑이 오로지 내 유전자를 남기기 위해서란 말인가? 머리로는 받아들여져도 가슴으로는 납득이 되지 않는 학설이다.

설사 나의 사랑의 원천이 종족 번식에 있다 하더라도, 사랑을 하면서 느끼는 여러 가지 충만한 감정들도 분명 존재한다. 그런 감정과 감동이 종족 번식 위에 덧씌워진 장식품에 불과하다 하더라도 가족 사랑의 목적이 종족 번식에만 있다고 믿는 사람들은 많지 않을 것이다.

이윤 극대화만을 인정하는 자본주의는 저급한 자본주의

기업이 만들어지고 성장하는 과정에서 기업의 구성원들에게 반드시 돈에 대한 욕망만이 있는 건 아니다. 자아실현 욕구, 성취감, 보람, 열정과 같이 돈에 대한 욕망과 직접 관련이 없는 동기가 기업의 성장에 중요한 영향을 미친다는 것은 이미 여러 사례를 통해 우리가 알고 있는 상식이다.

자본주의 시장경제는 인류생활의 진보에 결정적 역할을 했다. 그 과정에서 기업인들이 기여한 공헌은 실로 크다. 인간의 욕망이 자본주의 경제활동의 중요한 동기였던 것 또한 사실이다. 그러나 인류생활을 윤택하게 만들었던 동기는 그러한 이윤 극대화가 전부는 아니었다. 자본주의 경제에서 이윤은 수단일 뿐이지 목적 자체가 될 수 없다.

자기 이익을 극대화하는 것만이 목표가 되어버린 시장경제는 저급한 자본주의일 뿐이다. 탐욕스럽고 이기적이며 남을 배려할 줄 모르는 기업으로 가득 찬 자본주의 체제는 오래가지 못한다. 19세기 자본주의가 그랬다. 돈을 벌기 위해서라면 어린아이들까지도 혹

사시켰던 무자비한 자본주의였다. 그런 불건전한 자본주의가 오래 가지 못했던 이유는 인간의 본성에 부합하지 못하고, 수많은 사람들의 공분을 샀기 때문이었다.

탐욕적 자본주의에 대한 반작용으로 공산주의가 생겨났고, 공산주의 혁명은 20세기 세계사의 흐름을 완전히 바꾸어놓았다. 지구상의 인구 가운데 절반에 가까운 사람들의 의식과 생활상이 달라졌다. 결국 공산주의 확산에 대한 두려움은 자본주의의 끊임없는 자기변신을 불가피하게 만들었다.

2.3 자본주의의 참모습 2

완전경쟁의 전제조건

다음으로 건강한 자본주의에서의 경쟁은 어떠해야 하는지에 대해 생각해보자. 경쟁 역시 자본주의 경제와 다른 경제체제를 구별하는 중요한 기준이 된다. 사회주의나 공산주의 경제에서는 경쟁이 존재하지 않고 존재할 필요도 없다. 자본주의 경제에서 어떤 경쟁이 일어나는지 살펴보면 그 경제가 건강한 자본주의 경제인지 타락한 자본주의 경제인지 알 수 있다.

완전한 자유경쟁을 원하는 기업들

기업들은 자신의 활동에 그 어떤 제약도 없기를 원한다. 우리나라의 재벌 대기업들은 대체로 다음과 같이 완전한 자유경쟁을 원하는 자신들의 희망사항을 기회가 있을 때마다 주저 없이 말한다.

"경제학의 시조인 애덤 스미스도 각자가 자유롭게 자기 이익을 극대화하면 '보이지 않는 손'에 의해 사회 전체의 후생이 극대화된다고 하지 않았는가? 자본주의의 본산인 미국에서도 프리드먼 같은 거장들이 말하기를 기업들이 사회에 대해 할 수 있는 가장 중요한 공헌은 이익을 내는 것이라고 했다. 그렇다면 회사가 어떻게든 이익을 많이 내도록 하는 것이 내게도 좋고 사회 전체에도 좋지 않은가?"

"내가 돈을 버는 데에 도움이 되지 않는 국가나 사회로부터의 요구에 대해 일일이 대응하다 보니 시간과 에너지를 허비하게 되고, 이는 결국 역설적으로 국가나 사회에 도움이 되지 않는다. 애덤 스미스나 프리드먼에 따르면 기업에 대한 국가나 사회로부터의 요구, 다시 말하여 규제나 제약은 회사를 가만히 내버려 두는 것보다 국가나 사회에 도움이 되지 않는다."

"회사에 대한 제약은 가급적 하지 않는 것이 좋다. 경쟁에 대한 제약은 더욱 좋지 않다. 경제학 교과서에서도 완전경쟁이 가장 좋다고 하지 않았는가? 경쟁력이 없는 기업은 경쟁을 통해 시장에서 가차 없이 도태되어야 한다. 그렇게 해야 자본주의 시장이 건강을 유지할 수 있다. 효율적인 기업만이 살아남아 소비자들에게 저렴한 가격으로 많은 효용과 서비스를 제공할 수 있다."

"경제학의 이러한 역설적인 진리를 깨닫지 못한 얼치기 경제학자들이나 어리석은 오피니언 리더들은 제대로 알지도 못하면서 기업들 보고 이래라저래라 한다. 그들은 중소기업과 소상공인을 보호해야 한다면서 경쟁을 하지 말라고 한다. 그런 요구나 규제는 국가나 사회를 위한다는 명분을 내세우지만, 실제로는 오히려 국가나 사회에 도움이 되지 않는다. 국가와 사회는 마땅히 돈을 벌고 있는 기업들이 돈을 더 벌 수 있도록 도와주어야 한다. 그래야 국가와 사회 전체에 득이 된다. 그런 간단한 이론도 모르고, 도와주지는 못할망정 이래라저래라 하며 돈을 뜯어갈 궁리만 하고 있으니, 이것은 진정한 자본주의가 아니다. 사회주의 사상에 가깝지 않은가? 한심한 일이다."

완전경쟁의 전제조건과 대수의 법칙

물론 경제학 교과서에서는 완전경쟁이 가장 바람직하다고 가르치고 있다. 경쟁이 충분하지 않으면 소비자들의 후생이 극대화되지 못하기 때문에 경쟁을 제한하는 것은 바람직하지 않다. 그러나 건강한 자본주의의 발전을 위한 이윤 극대화에도 전제조건이 있듯이, 완전경쟁에도 매우 중요한 전제조건이 있다. 모든 명제에는 전제조건들이 있고, 그 전제조건이 충족되지 않으면 그 명제가 말하는 결론도 성립되지 않는다. 마찬가지로 완전경쟁이 소비자들의 후생을 최대화하려면 먼저 충족되어야 할 전제조건이 있다.

선거를 앞두고 후보자에 대한 국민의 마음을 알아보기 위해 여론조사를 실시한다고 해보자. 데이터를 모으는 방식을 잘 설계하기만 한다면, 대략 500명 내지 1,000명만 조사해보아도, 전체 유권자들의 마음을 상당히 정확하게 읽어낼 수 있다. 전체 유권자에게 일일이 물어볼 필요가 없다는 뜻이다. 이때 중요한 것은 데이터를 모을 때 응답자가 전체 유권자들을 대표할 수 있도록 샘플의 특성치를 전체 유권자들의 특성치와 적절히 맞추는 것이다. 예를 들어 응답자의 연령 분포가 전체 유권자들의 연령 분포와 유사하도록 만들어야 하고, 응답자들의 지역별 분포 역시 전체 유권자들의 지역별 분포와 유사하게 만들어야 한다. 그리고 그렇게 만든 틀 내에서, 실제 응답 대상자를 무작위로 추출해야 한다. 이렇게 하면 한 사람의 응답이 다른 사람의 응답에 영향을 주지 않고, 추출된 사람들은 후보자에 대한 선호를 서로 독립적으로 말하게 된다. 이럴 경우 1,000명에게 의견을 물어보나 10만 명, 100만 명에게 의견을 물어보나 결과는 거의 비슷하다. 따라서 불과 몇백 명만 조사해보아도 전체 유권자들의 마음을 상당히 정확하게 읽을 수 있다. 대수(大數)의 법칙이 가진 힘이다.

만약 어떤 사람의 응답이 다른 사람들의 응답에 영향을 준다거나(서로 독립적이지 않은 경우) 또는 어떤 사람의 영향력이 다른 사람들의 영향력과 동일하지 않다면(한 사람이 한 표씩이 아니라 어떤 사람은 더 많은 표를 행사하는 경우) 아무리 많은 사람을 조사하더라도 그 여론조사의 결과는 전체 유권자들의 마음과 상당히 어긋날 수 있다. 아무리 강력한 자연과학적 법칙이라도 전제조건을 충족시키지 못한다면 결론이 성립되지 못하는 것이다.

완전경쟁 시장에서는 참여자들이 서로 독립적이고 비슷한 영향력을 가지고 있어야 한다

'경제 얘기를 하면서 엉뚱하게 통계학 얘기는 왜 하는가?'라고 궁금하겠지만, 이 이야기는 매우 중요한 포인트다. 경제학의 완전경쟁도 대수의 법칙과 거의 똑같은 전제조건을 바탕으로 하고 있다. 즉 대수의 법칙의 전제조건처럼 완전경쟁 시장도 모든 참여자들이 서로 독립적이어서 한 사람의 선택이 다른 사람에게 의미 있는 영향을 주지 말아야 하며, 그 사람이 시장에 표출하는 수요나 공급의 규모가 서로 비슷비슷하게 작아야 한다는 조건을 전제한다. 만약 시장 참여자들의 크기가 서로 비슷하지 않거나 서로 독립적이지 않다면, 다시 말해 시장에 미치는 영향력이 서로 다른 사람이라면, 그런 사람들이 모여 있는 시장은 완전경쟁 시장이라고 할 수 없다.

국제정치 분야에서도 비슷한 생각을 만날 수 있다. 이른바 '세력 균형(balance of power)'이란 개념이 그러하다. 유럽 대륙에 존재하는 여러 나라들 가운데 어떤 나라도 군림하는 위치를 차지하지 못하도록, 모든 유럽 국가들이 비슷비슷하며 강하지 않은 상태로 쪼개져 있을 때, 보이지 않는 손에 의해 유럽 전체의 후생이 극대화된다는 개념이다. 루이 14세 때의 리셜리외 추기경(le Cardinal de Richelieu)이 독일을 300여 개의 군소 왕국으로 나누어놓는 정책을 견지해나갔던 것은 세력 균형 이론의 대표적 성공사례다. 물론 이것은 프랑스가 독일을 염두에 두고 고안해낸 외교정책 방향이었지만, 적어도 독일 내부의 사정만 보면 서로 동등한 영향력을 가진 주체들이 독립적으로 경쟁할 때 하나의 질서를 이룰 수 있다는 증거가 될 수 있다.

우리 경제는 태생적으로 완전경쟁 시장과 거리가 멀다

글로벌 기업으로 성장한 몇몇 재벌 대기업과 수많은 중소기업으로 구성되어 있는 우리나라의 산업 생태계는 태생적으로 완전경쟁 시장이 되기 어렵다. 물론 전 세계 국가 중에 모든 경제 주체들의 시장 영향력이 동일한 나라, 즉 완전경쟁의 전제조건이 100% 충족되는 나라는 하나도 없다. 그렇지만 특히 한국 경제는 완전경쟁 시장과는 거리가 멀 수밖에 없다. 소수 재벌 대기업의 시장 영향력이 그 어떤 나라의 경우보다 높기 때문이다.

그 결과 몇 안 되는 재벌 대기업이 다른 경제 주체에 미치는 영향력은 그야말로 막강하다. 경제뿐만 아니라 사회 전체에 미치는 영향력도 매우 크다. 어떤 경우에는 국가권력보다도 더 크다. "재벌 대기업이 잘되어야 경제 전체가 잘된다"까지는 아니더라도 "재벌 대기업이 어려워지면 경제 전체도 어려워진다"는 정도로 인식하는 사람들이 매우 많다.

그들은 광고를 지렛대로 언론에 막강한 영향력을 미친다. 마음만 먹으면 원하는 방향으로 여론을 형성할 수 있는 힘도 있다. 언론과 여론에 영향을 미친다는 것은 자연스럽게 정치권에도 영향을 미칠 수 있다는 것을 의미한다. '재벌 공화국'이란 말이 괜히 나온 말이 아니다. 이처럼 막강한 경제적, 사회적, 정치적 영향력을 가진 소수 재벌 대기업과 비교도 되지 않는 수많은 중소기업들이 모여 있는 우리 경제의 생태계는 개별 시장에서 완전경쟁의 전제조건을 충족하지 못한다. 재벌 대기업들의 경제적, 사회적, 정치적 지위는 중소기업들과 질적으로 전혀 다르다. 이러다 보니 대기업과 중소기업 간 하도급 시장에서 재벌 대기업이 수요독점적 지위를 가질 수밖에 없다.

예를 들어 2019년도 국내 자동차 시장에서 현대 · 기아차는 70%를 훨씬 넘는 점유율을 가지고 있다. 또한 경제 전체에 대한 재벌 대기업의 영향력을 보면 2019년도 기준 삼성과 현대차 두 그룹의 매출액은 우리나라 GDP의 30.9%(삼성 19.4%, 현대차 11.5%)에 이른다. 이 두 그룹은 모든 법인세 세수의 21.6%를 부담하고 있고,

증시 시가총액의 34.1%를 차지한다. 우리 경제의 쏠림 현상이 얼마나 심각한지 알 수 있다. 뿐만 아니라 하도급 시장에서 재벌 대기업들은 수요독점적 지위를 갖고 있다. 따라서 우리 경제는 완전경쟁시장이 될 수 없다. 이런 상태에서 "완전경쟁을 해야 한다"는 주장은 압도적 시장 영향력을 갖고 있는 재벌 대기업에게 일방적으로 유리할 수밖에 없다.

재벌 대기업의 역할은 무엇이어야 하나?

삼성전자와 현대자동차의 성장은 무엇보다도 삼성과 현대차 그룹이 그동안 여러 가지 난관에도 세계 시장에서 선전해준 결과임은 두말할 나위가 없다. 이 두 그룹이 부단한 혁신과 시장 개척을 하지 않았다면 이런 결과는 나오지 못했을 것이다. 삼성과 현대차가 존재하지 않는 한국 경제는 상상하기 힘들다. 과거 노키아는 다른 국가들이 핀란드를 더 이상 목재와 수산물만 수출하는 나라가 아니라 휴대폰처럼 첨단제품을 만드는 나라로 인식하게 만들었다. 이와 마찬가지로 삼성과 현대차도 우리나라를 첨단 휴대폰이나 고급 자동차를 만들어 파는 기술력이 대단한 선진국으로 전 세계 소비자들의 머릿속에 각인시키는 데 결정적인 기여를 했다.

하지만 그들의 성장이 그들만의 노력의 결과는 아니었다. 과거 경제개발 시절 정부와 국민의 전폭적 지원과 지지가 있었다. 이를 기억한다면 자기만의 이익, 눈앞의 이익만을 지키려고 하지 말고 글로벌 기업으로서 우리 경제 전체를 보고 미래를 내다보는 넓은 시야와 너그러운 마음을 가질 필요가 있다. 자신의 이윤만 극대화하려는 기업이 아니라 희망을 팔고 기회를 나누는 비전을 가진 대기업으로 환골탈태해야 한다. 국내뿐 아니라 전 세계 기업들의 모범이 되고, 그들이 배우고 본받아야 할 성공모델의 역할을 해야 한다. 외국에서는 치열하게 경쟁하더라도 국내에서는 상생의 모습을 추구해야 한다. 적어도 중소기업의 팔을 비틀어 원가를 낮추거나, 그들의 희생 위에 커가려는 정책이나 관행은 버려야 한다.

정부의 역할은 무엇인가?

전제조건이 충족되지 못한 시장에서 아무런 제약 없이 경쟁이 일어나면 경제 전체의 후생이 극대화되는 것이 아니라 오히려 감소할 가능성이 있다. 공정한 경쟁 시장을 만들기 위해 정부가 적극 나서야 하는 이유다. 성장의 기회조차 주어지지 않는 경쟁은 공정한 경쟁이 아니다. 경쟁에서의 불공정성은 결국 규칙의 문제다. 함께 경쟁하려면 최소한 공정한 규칙이 주어져야 한다. 무조건 똑같은 출발선에 세워놓고 달리라는 것은 공정한 규칙이 아니다. 평소에 좋은 음식을 섭취하고 전문 코치에게 훈련을 받은 선수와 끼니를 겨우 때운 선수가 나란히 출발선에 섰다고 해서 공정하다고 말할 수 있는가?

재벌 대기업들이 설사 게임의 규칙을 준수하고 모든 법률을 지켜가며 경쟁을 하고 있다고 해도 그 힘은 중소기업에 비해 상대가 되지 않을 정도로 막강하다. 그들의 영향력은 경제 영역을 넘어선 지 오래다. 교육, 지역, 문화 등 재벌 대기업들의 힘이 미치지 않는 곳이 없을 정도다. 사회 공동체의 미래를 위해서도 감시와 규제의 대상이 될 수밖에 없다.

정부는 중소기업이 중견기업으로 커가고 중견기업이 대기업으로 성장할 기회를 고르게 주고, 그 과정에서 공정성도 담보될 수 있도록 시장의 엄정한 감독자가 되어야 한다. 우리 헌법은 '각인(各人)의 기회를 균등히' 하라고 했다. 또한 기회 균등을 전제로 각자의 능력을 최고도로 발휘하게 하자고도 했다. 따라서 기회를 가로막는 장애요인이 있다면 제거해나가는 것이 헌법 정신에도 맞다. 이제 정부는 좋은 기업이 많이 나올 수 있도록 공평한 기회와 환경을 조성하는 데 힘써야 한다. 기업은 공평한 기회 속에서 치열한 경쟁을 통해 자라야 건강하고 올바르게 성장한다. 그렇게 성장한 기업이 좋은 기업이고, 좋은 기업이 많아야 그 나라의 경제가 발전한다.

법철학적인 측면 – 개인의 자유 vs 공동체의 유지

시장에 대한 영향력이 큰 주체들에 대해 정부가 제약을 가하는 것은 어떻게 정당화될 수 있을까? 그들의 선택이 경제 전체에 미치는 영향이 너무 커서, 만약 그들이 잘못된 선택을 한다면 한국 경제 전체가 위험에 처할 수 있기 때문인가? 그것도 하나의 이유가 될 수 있지만 보다 근본적인 명제가 있다. 그것은 재벌에게만 국한되는 것은 아니다. 재벌처럼 커다란 영향력을 가진 존재가 아니더라도 우리가 한국 경제라는 배를 함께 타고 있는 이상 공동체의 일원 모두에게 적용되는 명제다.

공동체 구성원들은 스스로의 의지에 따라 자유롭게 행동하면서도 동시에 스스로를 공동체 전체와 결합시킬 수 있어야 한다. 즉 공동체 구성원 각자는 마치 공동체가 없는 듯 자유롭게 행동할 권리가 있는 동시에 공동체를 해치지 않을 의무가 있는 것이다.

만약 어떤 개인이 공동체의 이익을 무시하고 자신의 이익만을 위해 공동체에 해가 되는 행동을 한다면, 그러한 행동은 사회 공동체로부터 보호를 받을 수 없다. 이와 같이 개인의 자유와 공동체의 유지 간에는 상충되는 부분이 필연적으로 존재하며, 양자 간에 사회 공동체 구성원들의 합의를 거쳐 적절한 균형을 찾을 필요가 있다. 그래서 사회 공동체에는 구성원들의 행위를 규제하는 각종 법률이 존재한다.

범죄의 경우가 그렇다. 누군가를 해치거나 남의 물건을 빼앗고 싶더라도, 그런 짓을 하면 안 되는 이유는 그런 행위가 어디까지나

나의 자유이긴 하지만, 그렇게 할 경우 사회 공동체의 안정이 흔들리고 사회 공동체를 더 이상 유지할 수 없는 위험이 초래될 수 있기 때문이다. 그러므로 사회가 추구하는 가치에 반하는 행위는 어느 나라건 하지 못하도록 법으로 금지하고 있다.

기업과 소비자의 경제활동 자유와 권리를 최대한 보호해주어야 하지만, 이들의 자유가 자본주의 시장의 경제질서와 바람직한 생태계에 해를 끼친다면 당연히 제한을 받아야 한다. 개별 기업의 입장에서는 자신의 이윤을 극대화하기 위해 하고 싶은 일은 무엇이든 하려고 할 것이다. 성공적인 공동체는 개별 기업의 그와 같은 자유를 최대한 보장해주고 보호해주어야 한다. 그러나 개별 기업이 자신의 이익 극대화를 위해 하고자 하는 일 가운데는 경제 전체의 질서나 환경을 해칠 수 있는 일들이 있다. 각종 명문화된 법률이나, 명문화되어 있지는 않지만 암묵적으로 받아들여지고 있는 게임의 규칙, 환경문제 등은 개별 기업의 입장에서는 지키고 싶지 않더라도 경제 전체를 위해서는 반드시 지켜야 하는 것들이다.

모든 기업이 그러하다면 경제 전체에 중요한 영향을 미칠 수밖에 없는 재벌 대기업이 다른 중소기업에 비해 사회 공동체로부터 더 많은 감시와 규제를 받아야 하는 것은 당연하다. 이는 물론 재벌 대기업의 자유를 제한하는 것이므로, 재벌 대기업 입장에서는 불만일 수밖에 없을 것이다. 그러나 재벌 대기업들도 이제는 우리 경제에서 차지하는 자신의 위치와 역할을 자각하고 그에 맞는 성숙한 의식을 가져야 한다.

2.4 우리의 현실 1
법률과 '게임의 규칙'을 지키지 않는 재벌 대기업

지금까지 이윤 극대화와 완전경쟁이라는 측면에서 우리가 지향해야 할 자본주의의 참모습과 재벌 대기업 및 정부의 역할은 무엇이어야 할지에 대해 논의했다. 그렇다면 우리 경제의 현실은 자본주의의 참모습에 얼마나 가까운가? 우리 경제는 이윤 극대화의 전제조건을 충족시키면서 이윤 극대화가 이루어지고 있는가? 우리 경제에서의 경쟁은 어떤 상태에 있는가? 이윤 극대화와 완전경쟁은 자본주의 경제의 가장 중요한 두 가지 특징이지만 우리 경제에서 이 두 가지만큼 잘못 이해되고, 아전인수 격으로 해석되고 있는 것도 없는 듯하다.

2.4.1 일반 국민들의 재벌에 대한 인식

우리 경제의 현실을 살펴보기에 앞서, 국민들이 재벌 대기업에 대해 어떤 인식을 가지고 있는지를 먼저 살펴보자. 이런 시도가 생각보다 우리 경제의 현실을 잘 요약해 보여주기 때문이다. 안타깝게도 재벌 대기업에 대한 우리나라 일반 국민들의 인식은 그리 호의적이지 않다. 오히려 부정적 인식이 최근 들어 확대되는 양상이다. 지난 2012년 18대 대선에서 '경제민주화'는 가장 뜨거운 이슈였다. 여야를 막론하고 경제민주화를 실현해야 한다며 목소리를 높였다. 많은 국민들이 재벌에 대해 부정적인 인식을 갖고 있다는 사실을 놓치지 않고, 정치권이 선거 공약으로 재빨리 활용하기에 이른 것이다.

지금 우리 사회는 경제민주화에 대한 열망이 매우 높다. 열망은 갈증에서 나온다. 국민 대다수가 재벌에 대한 교정이 필요하다고 보는 것이다. 대중이 기업에 대해 부정적인 인식을 가지고 있는 사회를 건강한 자본주의로 보기는 어렵다. 건강한 자본주의 경제에서 대중들은 기업 본연의 역할에 충실한 기업에 대해 존경과 감사의 마음을 가질 것이기 때문이다.

우리 국민들이 언제나 재벌 대기업에 대해 부정적 인식을 가지고 있는 것만은 아니다. 우리 경제가 대기업을 중심으로 성장해오는 과정에서 재벌 대기업들은 국민들 마음속에 한국 경제 발전의 견인

차로 자리매김했다. 지금도 해외여행 길에서 우리나라 재벌 대기업의 광고판을 만날 때마다 우리 국민들은 긍지와 자랑스러움을 느낀다. 우리나라 재벌 대기업이 만든 휴대폰, 자동차를 비롯한 수출품이 세계 여러 나라 사람들에게 사랑을 받으면서 우리나라의 인지도와 호감도가 올라가는 것을 자랑스럽게 생각한다.

1997년 말 외환위기의 경우

심지어 IMF 외환위기라는 엄청난 고통을 겪는 와중에서도 위기 초래의 당사자였던 재벌에 대해 우리 국민들은 관대했다. 그동안 가려진 재벌들의 부실한 체질이 만천하에 드러나고, 위기의 근본 원인이 재벌 대기업들의 무리한 과잉투자였다는 사실을 알았지만, 우리 국민들의 세금으로 살려냈다. 시장의 논리를 적용한다면 많은 대기업이 퇴출당해야 했다. 하지만 중소기업들이 줄줄이 도산하고 수많은 사람들이 길거리에 나앉는 비극을 겪으면서도 그들을 살리는 데 동의했다.

168조 원의 공적자금 투입 과정에서 정부와 금융기관에 대해 질책했을 뿐, 경제위기의 근본 원인이라 할 재벌의 과잉투자에 대한 질책은 별로 하지 않았다. 당시 일부 오피니언 리더들이 재벌 개혁을 위해 좀 더 강력하고 엄정한 책임 추궁이 필요하다고 주장했지만 실현되지 않았다. 이는 정부나 정치권이 재벌에 대해 관대했다는 데에 직접적인 이유가 있겠지만, 그 배경에는 그러한 주장이 일반 국민들로부터 그다지 호응을 얻지 못했기 때문이기도 하다. 당시 우리 국민들은 재벌 가운데 일부 기업이 사라지는 것만으로 충분하고 그 이상의 질책은 필요가 없다고 생각했다.

그로부터 10년이 지난 2008년, 미국발 글로벌 금융위기 발생을 전후하여 일반 국민들의 재벌 대기업에 대한 호감도는 과거에 비해 확연하게 달라졌다. 우리 국민들 사이에 재벌에 대한 반감이 빠르게 확산된 것이었다.

2008년 미국발 글로벌 금융위기 이후 미국 및 유럽에서의 금융자본에 대한 반감

글로벌 금융위기 이후 거대 금융자본에 대한 반감이 유럽과 미국을 휩쓸었다. 프랑스, 영국, 스페인 청년들의 시위로부터 시작되어 자본주의 경제의 본산인 미국 뉴욕에서 벌어진 '월가를 점령하라' 운동은 신자유주의적 자본주의에 대한 반감이 폭발한 것이었다. 거대 금융자본에 대한 이러한 반감과 시위에도 신자유주의적 경제 시스템이나 사고방식에 가시적인 변화는 보이지 않았다. 1990년대 이후 공고화되었던 근본주의적 자유시장 사상에 수정이 필요하다는 지적은 끊임없이 제기되었지만 아직은 새로운 경제철학을 모색하는 과정에 있고 신자유주의적 경제철학을 대신할 만한 뚜렷한 대안도 정립되지 않았다.

미국에서 벌어진 '월가를 점령하라' 운동은 우리의 입장에서도 충분히 이해될 만했다. 거대 금융자본의 탐욕으로 위기가 발생했는데도 거대 금융자본은 위기 극복 비용을 분담하지 않았기 때문이다. 심각한 실물경제의 침체로 수많은 사람들이 직장을 잃었고, 가지고 있던 집도 팔아야 하는 상황이 벌어졌다. 이런 상황에서도 금융회사에는 국민 세금으로 조성된 천문학적 규모의 공적자금이 투입되는가 하면, 사태의 책임이 가장 큰 금융사들의 CEO나 임직원들은 엄청난 규모의 보너스를 챙겨가는 행동을 버젓이 저질렀다.

우리나라는 금융자본이 문제를 일으키지 않았기 때문에 이 시위가 우리에게는 해당되지 않는다는 말이 많았다. 어이없는 해석이다. 미국과 유럽에서 일어난 '월가를 점령하라' 시위는 글로벌 금융위기를 몰고 온 거대 금융자본에 대한 99% 일반 국민의 비판이었다. 여기서의 핵심은 '거대 금융자본'의 탐욕이 아니라 '1%'의 탐욕이다. 1%만을 위한 사회는 옳지 않다는 것이다. 금융자본의 문제가 아니라 '1%의 탐욕'에 대한 서민들의 불만이 전 세계를 뒤덮고 있다는 징조를 근시안적으로 해석하니 답답할 따름이다. 비록 우리나라에서는 조직적인 시위로까지 확산되지 않았으나, 이미 우리 국민도 월가에서 부르짖는 '1% 부자들의 탐욕을 99%가 막자!'라는 정서에 대부분 공감하고 있다. 다만 우리나라 국민들의 분노의 대상은 금융

자본이 아니라 재벌 대기업이라는 것이 월가 점령 시위와 다른 점이다.

우리나라 일반 국민들의 재벌에 대한 반감

우리나라 재벌 대기업들은 과거에 정부의 전폭적인 지원에 힘입어 성장했다. 정부는 일부 기업들에 일감을 몰아주고 특혜를 제공했다. 외국에서 빌린 차관, 배정, 대규모 공공사업 발주, 업종별 대표기업 선정 등은 단기간에 산업 기반을 갖추고 경제 성장을 이루기 위한 정책이었다. IMF 경제위기 때는 실직과 도산의 고통 속에서도 국민들의 세금으로 그들을 살려냈다. 성장을 우선한다는 이유로 기업을 총수나 그 가족이 지배하는 구조도 용인해주었다. 이렇게 재벌이 공룡처럼 커다랗게 덩치를 키우는 동안 국민과 중소기업은 뒷바라지하느라 허리가 휘었다.

현재 재벌은 거대한 공룡이 되어 이 땅에 군림하고 있다. 중소기업을 압박하고 무차별적인 시장 진입을 추진하고 있다. 납품단가 후려치기나 기술 빼돌리기 등의 관행은 여전하다. 심지어 동네 골목까지 침투해 빵집과 구멍가게를 몰아내니 그야말로 닥치는 대로 먹어치우는 불가사리가 따로 없다. 대기업이 자본금의 수십 배가 넘는 이익잉여금을 곳간에 쌓아놓는 동안 중소기업은 절박한 생존의 기로에서 허덕이고 있다.

'갑을관계'의 사회적 이슈화

대기업들의 행태는 그동안 우리 사회에서 관행적으로 유야무야 되거나 널리 알려지지 못한 채 묻혀버린 경우가 많았다. 그러나 요즘은 과거와 달리 SNS를 통해 사건의 전말이 생생히 전달되어 일반 대중들에게도 잘 알려지게 되었다. 통신기술의 발달로 재벌의 불공정한 행위가 빠르고 광범위하게 전파되어, 일반인들의 재벌에 대한 불신과 분노가 그 어느 때보다도 빠른 속도로 악화되고 있다. 그러나 '경제민주화'의 구호가 요란했던 2012년 대선이 끝난 뒤에도, '동반성장'의 구호가 TV를 도배했던 2017년 대선 후에도, 중소기업에 대한 대기업의 부당 행위들은 근절되지 않고 있다.

현재 '갑을관계'는 정치 아젠다의 가장 우선순위를 차지하고 있다. 그 결과 실제로 몇 가지 경제민주화 법안들이 통과되기에 이르렀다. 하도급법이 개정되어 앞으로는 부당하게 납품단가를 후려칠 경우 그에 따른 피해액의 3배까지 징벌적 손해배상을 물릴 수 있게 되었다. 그러나 이와 같은 경제민주화 법안들은 당초의 원안보다 크게 후퇴한 것들이 대부분이다. 개정된 하도급법의 경우도 애초에는 징벌적 손해배상액의 범위를 피해액의 10배까지로 했으나 입법 과정에서 3배까지로 축소되었다. 원안대로 징벌적 손해배상액을 피해액의 10배까지로 정해졌더라면, 중소기업의 입장에서도 손해배상을 청구해보겠다는 용기를 낼 만했을 것이라고 생각한다. 또 대기업의 입장에서도 피해액의 10배를 물어내야 한다면 중소기업에게 납품단가를 후려치기 어렵게 되지 않았을까 생각한다. 그러나 아쉽게도 손해배상 한도가 축소됨에 따라 중소기업의 입장에서는 손해배상 청구를 해야 할지 말아야 할지 상당히 애매해졌다. 대기업의 입장에서도 피해액의 3배라면 그간의 관행을 반드시 수정할 필요성을 별로 느끼지 못할 것이다. 물론 개정이 되지 않은 것보다는 낫지만 나쁜 관행을 근절시키기에는 부족하다는 아쉬움이 남는다.

2.4.2 재벌 대기업에 대한 반감의 원인

국민이 제기하는 문제는 재벌 대기업들의 눈부신 성과가 법률을 준수하고 공정한 게임의 규칙을 통해 얻은 결과인가 하는 점이다. 만약 우리 사회의 법률과 자본주의 경제의 게임 규칙을 준수해가면서 거둔 성과였다면, 다른 모든 기업들이 본받아야 할 모범으로 당연히 존경과 칭찬을 받아야 마땅하다. 잘나가는 재벌 대기업을 손가락질할 게 아니라 그런 대기업처럼 되지 못한 중소기업이 반성해야 한다. 그래야 우리 경제가 더욱 발전할 수 있다.

재벌의 성과는 공정한 게임의 결과였는가?

재벌 대기업들은 하청업체나 납품업체 등 협력 중소기업과 영세상공인, 자영업자와의 관계에서 과연 정당한 규칙을 준수해왔던가? 우리의 재벌들은 과연 법률은 물론 '게임의 규칙' 또한 준수해왔다고 당당히 고백할 수 있는가? 그런 고백을 당당히 할 수 있는 재벌 대기업이 있다면 그 기업의 이윤 극대화 활동을 아무도 비판할 수 없을 것이다. 그러나 우리는 재벌 대기업들이 오랫동안 법률을 어기지는 않았을지 몰라도 공정한 경쟁 시장을 교란하는 행위를 수없이 많이 보아왔다. 안타깝게도 우리나라 국민들 가운데 재벌 대기업들이 공정한 게임의 규칙을 철저히 준수하고 있다고 보는 사람들은 별로 없다. 재벌 대기업들이 올리고 있는 성과 가운데 적지 않은 부분이 하청업체나 납품업체 등과 같은 협력 중소기업에게 돌아갈 정당한 몫을 주지 않거나, 심지어 골목상권까지 침범하여 영세 상공인 및 자영업자를 몰락시키며 얻은 결과가 아닌가 의심하고 있다.

나아가 우리의 재벌 대기업은 법률을 어기는 것은 물론, 법망을 피해 교묘히 사적인 이익을 추구하다가 발각되어 사회적 물의를 일으켜왔다. 과연 그들은 "이윤 극대화만 하면 되지 않느냐"라고 말할 자격이 있는가? 나는 그렇지 않다고 생각한다. 그들은 불법 · 탈법적으로 게임의 규칙까지 무시해가면서 자기 이익만을 극대화하고, 편법 상속, 편법 증여(예를 들어 일감 몰아주기), 기술 탈취, 납품단가 후려치기 등을 수십 년째 관행적으로 해왔다. 이는 모두 법률을 위반하거나 시장 질서를 심각하게 어지럽히는 행위다.

천재 한 사람이 수만 명을 먹여 살렸는가?

"천재 한 사람이 만 명을 먹여 살린다"는 말이 유행한 적이 있었다. 어떤 천재들은 '내가 돈을 벌어야 일자리가 만들어지니 내가 하는 일에 간섭하지 말라'고도 했다. 일반인들은 '그 천재라는 사람들이 마음껏 일할 수 있는 활동 영역을 만들어줘야 나와 같은 사람들도 먹고살 수 있지 않겠나' 하는 막연한 기대를 하기도 했다. 소위 낙수효과를 기대하는 마음이었다. 그런데 세월이 지나 결과를 놓고 보니 그 천재는 수만 명을 먹여 살렸던 게 아니라 제 식구들 배만 불린 경우가 많았다. 그들을 위해 많은 것을 양보했던 일반인들은 배신감을 가지지 않을 수 없었다.

글로벌 금융위기 이후 '월가를 점령하라' 시위가 일어난 이유는 세금으로 구제받은 은행 임직원들이 위기 이전보다 보너스를 더 많이 챙겼다는 사실로 사람들이 분노했기 때문이다. 그렇게 보너스를 챙긴 사람들은 천재 소리를 듣던 이들이었다. 그런 천재들이 벌인 희대의 쇼는 평범한 사람들이 봤을 때 도저히 받아들일 수 없는 비상식이자 탐욕이었다. '천재 한 사람이 만 명을 먹여 살린다'는 패러다임의 지배원리는 다름 아닌 탐욕이었음을 깨닫게 된 것이다.

재벌 대기업들은 제 식구들 배만 불리지 않았나?

우리나라는 그 분노의 대상이 금융자본이 아니라 재벌 대기업들이라는 것이 다른 점이다. 상속 증여세를 내지 않기 위한 방편으로 2세, 3세에게 일감을 몰아주거나 협력업체에 정당한 몫을 주지 않은 채 생사여탈권을 휘두르고, 골목상권에 침투해 가게라도 차려 먹고살자는 자영업자들까지 밀어버리니 서민들의 원성은 높아질 수밖에 없다. 이러한 서민의 한숨과 눈물이 모여 재벌에 대한 반감이 되고 분노가 되었다.

국민들이 가지고 있는 재벌에 대한 반감을 두고 학식과 지체가 높으신 분들은 비난을 한다. 돈을 많이 번 부자들을 시기해서는 못쓴다며 "배고픈 것은 참아도 배 아픈 것은 못 참는" 국민들의 민족성을 들먹이기도 한다. 이처럼 재벌을 옹호하며 경제 전문가를 자처하는 사람들은 알고 보면 소위 '재벌 장학생'들이 대부분이다. 그들에게 신자유주의적 사상은 절대적이고 유일한 진리다. 나는 그들의 말을 들을 때마다 참으로 안타깝다. 그들은 인간의 기본 심성을 모르는 척하거나 부인하고 있다. 위선적인 사람들이 아니고서는 그런 말을 할 수 없다.

재벌에 대해 좋지 않은 감정을 가진 사람들이 설혹 부자에 대해, 또는 이 세상에 대해 원망하는 마음을 품고 있다고 하자. 과연 누가 지금의 우리 현실에서 그 사람들을 탓할 수 있겠는가? 그들에게 "사촌이 땅을 사면 배 아파하는 시기심 많은 사람들"이라고 비난할 수 있는가? 나는 빌 게이츠나 워런 버핏이 동네상권에 진입했다는 이야기를 들어보지 못했다. 그것이 상식이라고 생각하기 때문에 골목을 넘보지 않는 것이다.

재벌 대기업에게 동반성장을 바라는 이유

공자님 말씀을 수록한 『논어』 「헌문편」에 보면 '빈이무원난 부이무교이(貧而無怨難 富而無驕易)'라는 말이 나온다. 가난 속에 원망을 가지지 않는 것은 어려우나, 부유하면서 교만하지 않는 것은 쉽다는 뜻이다. 재벌 옹호론자들이 가난한 사람들이 가지고 있는 재벌에 대한 원망을 비난하는 것은 사리에 맞지 않다. 그들을 비난할 자격이 생기려면 지금보다 훨씬 겸손해져야 한다. 돈 많은 사람들의 겸손은 돈 없는 사람들이 원망의 마음을 품지 않는 것보다 훨씬 더 쉽기 때문이다. 쉬운 일도 하지 않는 사람들이 어려운 일을 못한다고 손가락질할 수는 없지 않는가.

대기업들이 거두고 있는 오늘날의 성과 가운데 불공정 게임의 결과가 섞여 있는 부분은 경제 생태계의 건강을 위하여 당연히 교정되어야 한다. 이를 두고 대기업을 깎아내린다거나, 대기업의 자유를 제한한다거나, 배고픈 것은 참아도 배 아픈 것은 못 참는 것 아니냐고 손가락질한다면, 국민들로부터 많은 지탄을 받게 될 뿐이다. 친재벌 성향의 이념가들은 자유주의 사상가들의 말을 인용해가며 재벌의 입장을 옹호하려하기보다 먼저 재벌 대기업이 부끄러운 행동들은 하지 않았는가 자문해보아야 한다. 그렇지 않고 지금처럼 법률과 게임의 규칙을 밥 먹듯 어기는 재벌들을 옹호하려 든다면, 그들은 자본주의와 시장경제를 지키려는 게 아니라 재벌들의 탐욕을 지켜줌으로써 자신의 이익을 취하려는 것이다.

우리나라 국민들이 요구하는 것은 재벌의 몫을 나누어달라는 게 아니다. 법률을 준수하고 공정한 게임 규칙을 제발 지키라는 것이다. 재벌들이 상식적으로 하지 말아야 할 일에 대한 문제 제기다.

이는 또한 동반성장의 요체이기도 하다. 동반성장은 재벌 대기업들이 마지못해 베풀어주는 시혜적 차원의 정책이 아니다. 또한 동반성장은 결국 재벌 대기업들 자신의 이익을 위해서도 필수불가결한 정책이기도 하다.

2.5 우리의 현실 2

왜곡된 산업생태계와 취약한 중소기업

우리 경제는 수출 주도의 고도성장을 위해 몇몇 특정 산업에 지나치게 의존하고 소수 재벌 대기업에 유능한 인재와 자원이 쏠린 결과, 산업생태계가 왜곡되고 중소기업 부문이 허약해졌다. 특히 우리나라 중소기업이 전체 기업의 99%를 차지하고 전체 취업자의 88%를 고용하고 있는 현실을 고려할 때, 튼튼한 중소기업이 많이 생겨나야 하는 이유는 명확하다. 이제 동반성장이 어떻게 우리 경제에 다양한 산업생태계와 튼튼한 중소기업 부문을 가져오는 유일한 길인지 알아보자.

2.5.1 다양하지 못한 산업생태계의 문제점

삼성전자와 현대자동차의 총 매출액이 우리나라 경상 GDP의 30.9%에 이른다는 뉴스가 있었지만, 삼성과 현대차뿐 아니라 다른 재벌 대기업을 포함시킨다면 재벌 대기업의 매출액은 우리 경제 전체 GDP의 대부분을 차지하거나 초과할 것이라고 생각한다.

물론 GDP는 매출액 개념이 아니라 부가가치 개념이기 때문에 기업의 매출액과 GDP를 직접 비교하는 것은 맞지 않다. 매출액에서 재료비, 기타 영업비용, 세금 및 공과금 등을 차감하고 나서야 그 기업의 부가가치가 측정되기 때문이다. 따라서 삼성과 현대차가 창출하는 부가가치가 우리나라 GDP에서 차지하는 비중은 그것보다는 작은 규모이다. 그럼에도 이들 대기업들이 우리 경제에서 차지하는 위치를 가늠해보기 위해 그들의 매출액과 경제 전체의 GDP를 비교해보는 건 의미가 있다.

매출액을 비교해보든, 부가가치를 비교해보든, 삼성과 현대차 등 몇몇 재벌 대기업들이 우리 경제 전체에서 차지하는 비중이 매우 크다는 점은 부인하기 어렵다. 우리 경제의 재벌 대기업에 대한 의존도가 지나치게 크다는 것은 경제 전체를 놓고 볼 때 그리 반갑지 않은 불안 요인이다. 기업의 생태계는 어디까지나 다양하게, 그리고 고루 분산되어야 바람직하다. 그래야 어느 한 부분이 타격을 입게 되더라도 경제 전체가 흔들리는 일이 일어나지 않을 수 있다. 다시 말해 달걀을 한 바구니에 담지 말고 여러 바구니에 나누어 담아야 안전을 기할 수 있는 것이다.

1996년의 경험

우리 경제는 다양하지 못하고 획일적이다. 여러 형태의 쏠림 현상이 언제나 발생할 수 있는 경제다. 달걀을 한 바구니에 담아놓았다가 경제 전체가 홍역을 치러야 했던 쓰린 경험도 가지고 있다. 경제 전체가 어느 특정한 부문에 지나치게 의존할 때 어떤 일이 벌어지는지를 잘 보여주는 사례가 있다.

우리 경제는 1994년에서 1995년까지의 반도체 호황으로 수출이 두 자릿수 증가율을 보이는 가운데, 설비투자가 전년 대비 40% 증가하고 성장률이 10%를 초과하는 고도성장을 이룩했다. 당시 수출을 주도했던 품목은 반도체와 철강, 전자, 석유화학, 조선 등 다섯 가지였다. 이들 다섯 가지 산업은 우리 경제의 고도성장을 이끄는 소위 '효자 업종'이었다. 그러다 1996년 들어서 반도체를 필두로 이들 5대 품목의 국제 시세가 폭락하는 일이 벌어졌다.

당시 대만과 말레이시아 등을 비롯한 동남아 신흥 국가들이 이들 5대 품목에 집중적으로 투자하여, 이들 품목의 공급능력이 국제적으로 크게 확대된 결과였다. 예를 들어 반도체 가격 폭락만으로도 우리 경제 전체의 수출액이 1995년에 비해 100억 달러 줄었다. 이는 1996년 당시 경상수지 적자의 3분의 1 이상을 차지하는 규모였다. 반도체뿐만 아니라 전자제품, 석유화학, 철강, 조선의 국제 시세 역시 큰 폭으로 하락하였고, 그 결과 경상수지가 큰 폭으로 악화되었다.

1996년의 경상수지 적자는 1997년 상반기까지 계속되었고, 그 결과 외환보유고는 계속 줄어들 수밖에 없었다. 외환보유고의 고갈은 1997년 말 외환위기의 직접적인 원인이 되었다. 1996년에 일어난 일부 수출품목의 국제 시세 폭락이 1997년 말 경제위기의 핵심 원인으로 작용한 것이다. 우리 경제가 이들 다섯 품목의 덕을 톡톡히 보았던 것도 사실이지만, 이들의 국제 시세 폭락이 나라 경제 전체를 위기에 몰아넣은 것도 사실이다.

산업생태계를 다양하게 유지하는 것이 왜 중요한가?

만약 우리 경제의 산업생태계가 보다 다양하게 구성되어 있었더라면, 비록 5대 수출품목의 국제 시세가 폭락했더라도 다른 품목에서 그 손실을 만회할 수 있었다. 그랬다면 우리 경제는 그 정도로 커다란 경상수지 적자를 보지 않아도 되었고, 외환보유고가 그 정도까지 고갈되지 않았을 것이다. 결국 1997년 말의 경제위기는 일어나지 않았을 것이다.

현재 우리 경제의 산업생태계는 몇몇 특정 산업에 대한 의존도가 지나치게 높았던 외환위기 이전의 상황과 별반 다르지 않다. 당시 5대 수출품목의 국제 시세가 폭락하자 불과 1~2년이 지나지 않아 나라 경제 전체가 위기에 빠졌던 것과 마찬가지로, 지금 우리 경제는 휴대폰을 비롯한 IT제품과 자동차에 지나치게 의존하고 있다.

사람들은 재벌 대기업을 거대한 공룡에 비유하기도 한다. 주변 환경의 변화에 적절히 대응하지 못해 한순간에 멸종해버린 중생대의 공룡처럼, 재벌 대기업들도 몸집이 지나치게 커짐에 따라 효율성을 잃어버렸다는 의미다. 더 이상 문제 해결 방향을 신속하게 찾지 못하는 것 아니냐, 다가올 도전에 대해 제대로 대응하겠느냐 등 우려의 목소리가 높다.

소수 재벌 대기업에의 지나친 의존이 바람직하지 못한 이유

삼성과 현대차의 매출액이 우리 경제 GDP의 30% 이상을 차지한다는 소식이 걱정스러운 이유는 삼성과 현대차가 혹시 잘못되면 어쩌나 우려해서만은 아니다. 삼성과 현대차뿐 아니라 우리 경제에서 차지하는 재벌 대기업들의 비중이 너무 큰 것을 걱정하는 이유도 마찬가지다. 물론 재벌 대기업들이 파산하기라도 한다면, 우리 경제에 엄청난 재앙이 아닐 수 없다. 1998년의 경제위기도 부실 재벌 대기업들이 줄줄이 파산하면서 시작되었다. 그렇지만 재벌 대기업에 대한 의존도가 날로 커지고 있는 현상이 걱정스러운 진짜 이유는 재벌 대기업들의 파산 가능성이 두려워서가 아니라, 우리 경제의 산업생태계가 다양성을 잃어버리고 있기 때문이다.

유능한 인재와 자원이 중소기업보다는 재벌 대기업에 더 쏠리는 현상은 마치 만유인력의 법칙처럼 어쩔 수 없는 일이다. 문제는 현재 우리 경제에 이런 쏠림 현상이 너무 심하다는 데에 있다. 인력과 자원이 지금 잘나가고 있는 재벌 대기업에만 쏠린다면, 상당히 한정된 분야에만 투자가 이루어지는 셈이 된다. 미래에 우리를 먹여 살릴지도 모르는, 우리가 아직은 잘 알지 못하는 분야에도 관심과 흥미, 그리고 열정을 가지고 있는 사람들이 많이 있다. 그들의 열정이 충분히 발휘될 수 있어야 우리 경제의 잠재력이 커진다는 것은 불문가지다. 그런데 몇몇 재벌 대기업들이 인력과 자원을 모두 휩쓸어간다면, 우리 경제의 미래를 주도할 중요한 분야에 인력과 자원이 충분히 공급될 수 없다. 어디선가 성장하고 있을 한국의 빌 게이츠나 스티브 잡스 같은 인물이 가진 능력을 발휘할 기회조차 잡지 못해서야 우리 경제의 미래를 말할 수 있겠는가?

만약 우리 경제가 다양한 산업생태계와 튼튼한 중소기업들로 진화되어왔다면, 청년들이 굳이 대기업만을 고집하지 않고 다양한 중소기업들 가운데 능력과 적성에 맞는 곳을 골라 직장을 얻고자 했을 것이다. 본인이 열심히 노력하면 부족함 없는 살림을 꾸릴 수 있다는 믿음이 있었다면, 지금보다 훨씬 안정감 있는 사회가 되었을 것이다. 불행하게도 이런 믿음을 갖기에는 우리 경제 구조의 쏠림 현상이 심각하다. 대다수 국민이 죽어라 일해도 희망을 갖지 못하는 것은 그들의 노력이 부족해서가 아니다. 우리 산업 구조의 오래된 모순과 시장의 무한경쟁이 빚은 결과물이다.

법률과 게임의 규칙도 무시하는 지나친 경쟁은 창의에 역행

살기 편한 사회는 발전이 더디다. 치열하게 노력하지 않아도 먹고사는 데 지장이 없는 사회는 발전하기 어렵다. 혁신의 원천은 불확실성에 있다. 불확실성을 없애기 위해 머리를 짜내다가 혁신에 성공하는 경우가 많다. 우리 경제가 바로 그랬다. 먹고살 거리가 마땅치 않으니, 남보다 치열하게 노력해야 했다. 평생 먹고살 것이 보장된 부자 가문에서는 뛰어난 인물이 나오기 어렵다고들 한다. 오히려 가난한 집안에서 개천에 용 나듯, 훌륭한 인물이 많이 나왔다. 마찬가지로 지금까지의 역사로 볼 때 자원이 풍부한 나라치고 세계 경제를 이끌고 나가는 경우는 많지 않다. 풍족한 자원은 국민들이 게을러지려는 성향의 근본원인으로 지목되는 경우가 많다.

그러나 경쟁이 너무 치열하면 모두가 불행해진다. 경쟁을 하더라도 최선을 다하면 보상을 받을 수 있어야 한다. 내가 아무리 노력해도 보상을 받을 수 없거나, 죽기 아니면 살기 식의 무리한 경쟁은 지양해야 한다. 남을 끌어내리지 않으면 내가 살아남지 못하는 식의 경쟁은 더 이상 경쟁이 아니라 투쟁이다. 모든 국민들이 살벌한 투쟁을 벌여야 한다면, 그 사회는 경쟁에서 이미 우위를 차지하고 있는 소수의 사람들 외에는 모두가 불행해지는 사회다. 예를 들어 우리 경제의 '기울어진 운동장'에서 인력과 자원을 싹쓸이하는 소수 재벌 대기업 외에, 중소기업과 대다수 국민들은 아무리 열정을 갖고 열심히 노력해도 정당한 보상을 받기 어려운 것이 현실이다.

이 정도로 투쟁에 가까운 경쟁이 벌어지고 있는 사회에서는 창의성이 자랄 수 없고 혁신이 생겨날 수 없다. 그런 사회에서는 창의적 사고보다는 반칙이, 혁신보다는 편법이 훨씬 더 유용한 승리의 수단이기 때문이다. 법률도 원칙도 없는, 편법과 반칙이 난무하는 무한경쟁 사회에서는 창의와 혁신을 한다 해도 그 성과를 내가 차지하리라는 보장이 없기 때문이다. 실제로 재벌 대기업들은 자기 이익만을 극대화하기 위해 협력 중소기업으로부터 기술 탈취, 납품단가 후려치기 등 법률을 위반하거나 '게임 규칙'을 무시하는 행위를 관행처럼 해왔다.

2.5.2 취약한 중소기업 부문의 부작용

우리나라 중소기업 부문은 매우 취약하다. 이 문제는 이미 경제 영역을 넘어 우리 사회 모순의 중심에 자리 잡고 있다. 중소기업이 튼튼하지 못하니 좋은 일자리가 많이 만들어지지 못하는 것이 당연하다. 자기의 꿈을 실현할 수 있는 좋은 직장, 안정적인 삶을 유지할 수 있는 일자리가 별로 없다. 상황이 이러니 젊은이들은 대기업에 취직하거나 공무원이 되려고 너나없이 극심한 경쟁에 내몰리고 있다. 취직에 유리한 스펙을 쌓기 위해 대학생들은 많은 시간과 돈을 들이고, 고등학교 학력으로는 대기업에 취직할 수 없으니 너나없이 대학에 진학한다. 우리나라의 전문대 이상 교육기관 진학률은 2004년에 84%에 이른 적도 있다. 구미 선진국의 대학진학률이 대략 30~50% 정도이니, 우리나라 진학률이 얼마나 높은지 짐작할 수 있다. 그나마 지난 몇 년 전부터는 대학에 진학해보았자 취직이 어려우니, 진학률이 서서히 내려가 지금은 대략 75%대에 머물러 있다.

소수 재벌에게 경제력 집중이 초래하는 경제적, 사회적 부작용

대기업에서 일하지 않고 중소기업에서 일하거나 창업을 하더라도, 경제적으로 부족함이 없고 자아실현의 기회와 보람이 더 있다면, 굳이 재벌 대기업만을 고집하지 않을 것이다. 그런데 지금 우리 사회는 전체 기업 수의 1%, 일자리의 12%밖에 안 되는 대기업에 취직하거나, 공무원, 변호사, 의사 등 소수 전문직이 아니고서는 인생을 제대로 설계할 수 없는 구조다.

일자리뿐만 아니다. 우리 경제의 인적, 물적 자원 또한 지나치게 재벌 대기업에 쏠려 있다. 지나치게 한쪽으로 쏠려 있는 우리 경제의 생태계는 경제와 사회에 일파만파 식으로 여러 부작용을 낳고 있다. 대기업에 취직하기 위해서는 일단 대학에 진학해야 한다. 진학 후에는 좋은 학점을 따야 하고, 여러 가지 자격증과 다양한 스펙을 쌓아야 한다. 그러기 위해서는 학점 세탁을 하고, 각종 학원에도 다녀야 한다. 4년 만에 대학을 졸업하는 학생이 거의 없고 대부분 평균 6년 이상씩 다닌다. 이것이 오늘날 우리나라 젊은이들이 당면한 현실이다. 졸업 이후에도 그들이 택할 수 있는 선택지는 별로 없다. 많은 젊은이들이 공무원이 되기 위해, 재벌 대기업에 취직하기 위해, 에너지와 돈, 세월을 낭비하고 있다.

우리나라 청소년들은 다른 OECD 국가 청소년들과 비교해 행복지수가 가장 낮다고 한다. 꿈과 희망이 넘쳐야 할 시기에 경쟁과 취업 준비로 인한 스트레스에 심하게 시달린다. 푸른 꿈과 희망으로 가슴 설레야 할 시간이 좌절과 절망의 회색 시간이 된 것이다. 부모들은 자녀들의 입시 준비와 대학 진학, 그리고 취업 준비를 위해 많은 재정적 지원을 하다가 정작 자신의 노후 준비는 제대로 챙기지 못하는 실정이다. 개인의 노후 준비가 충분치 못하다 보니 정부 재정의 부담은 더욱 커진다.

취직과 생활에 대한 불안감으로 청년들은 미래에 대한 설계는 엄두도 내지 못한다. 결혼을 망설일 수밖에 없다. 당장 높은 전세 값과 월세 때문에 신혼집 구하기가 마땅치 않다. 보건복지부의 한 조사 결과에 따르면, 미혼 남녀들이 결혼을 미루는 가장 중요한 이유로 고용 불안정과 결혼비용 부족을 꼽았다고 한다. 우리 젊은이들이 결혼을 하지 않는 이유는 한마디로 말해 '경제적 이유'라는 것이다. 결혼을 하더라도 아이를 낳아 남부럽지 않게 키울 자신이 없으니 출산도 꺼리게 된다. 출산율 하락은 급속히 고령사회로 접어드는 우리 사회에 커다란 위협 요인으로 작용하고 있다.

우리나라는 세계에서 가장 빠르게 고령사회로 접어드는 중이다. 인구 고령화가 초래할 엄청난 경제적, 사회적, 문화적, 정치적 변화는 현재로서는 감히 상상조차 하기 힘들다. 지금의 젊은이와 어린이들은 우리가 여태껏 본 적도 없고 들어보지도 못했던, 지금과는 전혀 다른 세상에서 살게 될 것이다.

어린 시절부터 일류 대학의 좁은 문으로 돌진해야 하는 비효율적 사회

공부를 할 마음과 기회가 있다면 대학에 진학하는 것도 나쁘지 않지만, 온 사회가 대학 진학을 위해 매년 전쟁을 치루는 것이 바람직한지는 생각해볼 문제다. 단지 취직을 위해서 청년들이 일률적으로 대학에 진학하는 것은 효율적이지 않다. 왜냐하면 이 세상의 직업 중에는 대학을 나오지 않아도 얼마든지 잘할 수 있는 것들이 굉장히 많기 때문이다.

사실 대학 교육이 반드시 필요한 직업은 그리 많지 않다. 학자, 의사, 회계사, 법률가 등과 같이 전문지식과 능력이 필요한 특정 직종 외에는 굳이 대학을 나오지 않아도 된다. 일단 취직해 일을 해가면서 배워도 되는 일들이 대부분이다. 중요한 것은 그 일에 대해 얼마나 열정과 재능을 가지고 있느냐 하는 점이지 대학 졸업장이 아니다. 그럼에도 온 나라 사람들이 대학에 들어가려고 한다.

대학에 진학한 후에도 대부분의 학생들은 입학하자마자 취업 준비에 나선다. 입사시험을 위해, 그리고 그다지 쓸모없는 자격증을 취득하기 위해 많은 돈을 쓰며 시간과 에너지를 투자한다. 꿈을 그려야 하는 도화지에는 오로지 스펙 쌓기 서류번호만 가득하다. 게다가 소위 명문대, 일류대에 가기 위해서 초등학교 때부터 사교육에 내몰린다. 남들보다 조금이라도 나은 입지를 선점하기 위해서다. 그러니 자신이 가진 재능과 능력을 개발할 기회는커녕 잠잘 시간도 절대적으로 부족한 어린 시절을 보낸다. 사회 전체적으로 이 얼마나 심각한 낭비인가?

대학 진학률이 높은 이유는 좋은 일자리가 많지 않기 때문이다

안정적이고 연봉을 많이 주는 직장에 취직하고 싶은 마음은 누구나 가지고 있다. 그런데 그런 일자리가 별로 없다는 게 문제다. 몇몇 대기업과 공기업, 공무원이나 소수의 전문직이 아니면 그런 욕구를 충족시켜줄 수 있는 일자리가 별로 없다. 남 보기에 부끄럽지 않은 '번듯한 직장', 소위 양질의 일자리를 얻는 것은 하늘의 별 따기와 다름없다. 그런 번듯한 직장에 취직하지 못하면 결혼조차 어렵다. 언제 실업자가 될지도 모르는 사람을 선뜻 평생 반려자로 선택하기란 쉽지 않은 일이다.

원하는 직장에 취직하고 결혼을 하려면, 소위 일류 대학을 나와야 그나마 도전해볼 가능성이 있다. 이를 위해 젊은이들은 어려서부터 자기 꿈을 잃어버린 채 일류 대학이라는 좁은 문을 향하여 돌진한다. 그러나 성공하는 사람은 많지 않다. 겨우 그 좁은 문을 통과하고 무사히 대학을 졸업하더라도 원하는 좋은 일자리가 보장되는 것은 아니다. 지금 대부분의 젊은이들은 심각한 좌절과 절망의 상태로 내몰리고 있다. 참으로 안타까운 일이다.

공무원이 되거나 공기업 혹은 대기업에 취직하지 않는다면, 대안은 중소기업 아니면 자영업밖에 없다. 그런데 중소기업은 근무 환경이나 급여 수준이 대기업에 비해 열악하다. 중소기업에 취직했더라도 언제 그만두어야 할지 몰라 불안하다.

알짜 중소기업이 많지 않은 우리의 현실

물론 인생의 첫출발이 소박하다 해도, 본인이 열심히만 노력한다면 대기업에 취직한 것 못지않은 멋진 인생이 기다리고 있는 세상이라면 얼마나 좋겠는가. 그런 사회에서는 이름 없는 중소기업에 취직한다 해도 별 문제가 없을 것이다. 왠지 자신을 무시하는 듯한 타인의 시선도 신경 쓸 필요가 없다. 그러나 현실은 그렇지 않다. 일단 중소기업에 취직하면 인생은 대략 그것으로 정해진다고 생각하는 사람들이 대부분이다. 아무리 노력을 한다 해도 나의 미래는 별다른 발전 가능성이 없다고 보는 것이다. 그래서 나의 미래를 내 스스로 결정해나갈 수 없다며 절망한다.

또 내가 중소기업에 취직할 수밖에 없었던 이유는 내가 일류 대학을 나오지 못했기 때문이며, 일류 대학을 나오지 못한 이유는 학원을 충분히 다니지 못했기 때문이라고 생각하기도 한다. 결국 부모의 경제력이 뒷받침되지 못해 내가 일류 대학을 나오지 못하고 대기업에 취직하지 못한다는 심리가 사람들의 마음속에 자리 잡게 되는 것이다.

'나도 열심히 노력하여 언젠가는 그들처럼 되어봐야지'라는 긍정적이고 발전적인 생각보다는, '저들은 부모 잘 만나 저렇게 잘나가고 있다'며 자신의 처지를 한탄하고, 미래에 대해 절망한다. 자신보다 유능한 사람들의 능력도 쉽게 인정할 수가 없다. 그 사람들이

나보다 잘나가는 이유는 그들의 자질이 뛰어나서가 아니라, 단지 나보다 부모를 잘 만나서 그럴 뿐이라고 생각한다.

어릴 때부터 최선을 다해 살았지만 대학 졸업 직후 절망에 빠지는 청년들

이러한 생각들은 대부분 그들의 잘못이 아니다. 한 번 뒤처지면 평생 따라잡을 수도, 따라잡을 기회도 없는 뒤틀린 사회 구조는 외면한 채, 뒤처진 원인을 그들 스스로에게서만 찾으라고 한다면 그것은 너무 과도한 요구 아니겠는가? 어려서부터 남에게 뒤처지지 않으려고 무진 애를 써왔던 사람들에게 지금의 비참한 현실이 쉽게 이해될 리 없다. 넘을 수 없는 벽에 갇힌 미래를 보며 절망할 수밖에 없다.

나의 인생이 내 스스로 개척할 수 있는 게 아니라 외부적 요인에 의해 결정된다고 깨닫는 순간, 사람은 좌절할 수밖에 없다. 마치 헤어날 수 없는 함정에 빠진 듯한 감정을 가지게 된다. 이것이 바로 스피노자(Baruch Spinoza)가 말한 '인간의 굴레(human bondage)'다. 나의 불행이 외부에서 왔음을 깨닫는 순간, 그리고 내 힘으로는 그 불행을 이겨낼 수 없다고 생각하는 순간, 인간은 굴레에 갇힌 느낌을 갖게 된다.

생활 여건이 나아지지 않는 이유를 사회와 정치에서 찾기 시작한 사람들

사람들은 이제 더 이상 '내 탓이오'라고 하지 않는다. 내가 잘못해서 나의 살림이 이런 상태인 게 아니라 사회가 잘못되어서, 정치가 잘못되어서 그렇다고 생각하기 시작한 것이다. 문제가 나에게만 일어난다면 그것이 혹시 내 탓이 아닐까 반성도 하겠지만, 내 이웃 모두에게서 동일한 문제가 일어난다면 결코 내 탓일 수 없음을 깨닫게 된 것이다. 2011년 서울시장 보궐선거는 사람들의 이러한 깨달음이 정치적으로 표출된 선거였다. 많은 젊은 유권자들이 현실을 바꾸기 위해 적극적으로 나서지 않는 거대 양당에 대해 불만을 터뜨리며 무소속 후보를 선택했다.

많은 젊은이들이 자신의 현실을 하나의 굴레로 받아들일 때, 첫 번째 반응은 굴레로부터의 '해방(emancipation)'이다. '해방'은 인류 역사상 모든 혁명과 변혁의 첫 번째 대의명분이었다. '아무리 노력해도 안 된다'는 절망감은 세상을 뒤집어버릴 수 있는 엄청난 폭발력으로 이어질 수 있다. 지금 우리 국민이 느끼는 절망감은 결코 가볍게 보아 넘겨서는 안 될 중대한 문제다. 학자는 말할 것도 없고 정치인과 재벌 대기업이 주의 깊게 살펴야 할 부분이다. 나는 이것이 우리나라 국민들의 마음 밑바닥에 흐르는 심층류(深層流)라고 판단하고 있다. 2012년 겨울 들어 대통령 선거일이 다가오면서 우리 사회에 급속히 확산되었던 경제민주화와 재벌 개혁 논의도 이 때문이었다. 여야 할 것 없이 경제민주화를 공약으로 내세우지 않을 수 없었던 이유가 이것 말고 다른 무엇이 있겠는가? 그때 이후 현재까지 상황이 별반 나아지지 않았으니 다음 번 대통령 선거의 관심사도 크게 다르지 않을 것이다.

결국 좋은 중소기업이 많이 생겨나야 한다

중소기업에 취직하면 대기업에 비해 현격하게 적은 연봉을 받아야 한다. 언제 직장을 잃을지 모른다는 불안감에 시달려야 하고, 보람도 찾기 어렵다. 자아실현은 머나먼 남의 이야기일 뿐이다. 상황이 이런데도 무조건 "젊은이들이 고생을 하지 않으려 한다"고 야단치는 게 과연 온당한가? 이들을 질타하기 이전에 중소기업이 인생을 걸고 도전해볼 만한 가치가 있는 일자리로 만드는 것이 순서 아닌가?

우리나라 중소기업은 전체 기업의 99%를 차지하고, 전체 취업자의 88%를 고용하고 있다. 결국 우리나라 대부분의 일자리가 '괜찮은 일자리'가 아니라 '불안한 일자리'로 인식된다. 중소기업을 제외한다면 사람들이 선택할 수 있는 일자리는 대기업이나 공무원밖에 남지 않는다. 그런데 이 취직 자리는 낙타가 바늘구멍에 들어가는 것만큼 어렵다.

무엇이든 하고 싶은 것을 열심히만 하면 먹고 사는 데 지장이 없고 남에게도 꿀릴 것 없는 사회를 사는 사람들은 행복하다. 대학에 가지 않아도 되고 중소기업에 취직해도 괜찮은 사회는 좋은 중소기업이 많이 생겨나야 실현될 수 있다. 사람들에게 보다 다양한 선택지를 제공하고 보다 여러 가지 삶의 방식에서 보람을 느끼며 살도록 하려면, 중소기업이 지금보다 훨씬 튼튼해져야 한다. 대기업에 크게 떨어지지 않는 월급을 줄 수 있고, 직업의 안정성과 비전도 대기업 못지않은 중소기업이 지금보다 훨씬 많아져야 한다

동반성장은 왜 필요한가

우리 경제에 좋은 중소기업이 많이 생겨나기 위해서는 무엇보다도 재벌 대기업이 법률을 준수하고 공정한 게임의 규칙을 잘 지키면서 협력 중소기업과의 하도급거래에서 납품단가 후려치기나 기술 탈취 등과 같은 불공정 거래 관행을 근절해야 한다. 이와 같이 만인이 법 앞에서 평등한 법치주의를 확립하고, 모든 국민에게 균등한 기회를 부여하는 공정한 경쟁질서를 창출하는 것이야말로 동반성장의 요체이자 시장경제를 바로 세우는 길이다. 그 결과 중소기업이 대기업과의 관계에서 합당한 보상을 받을 수 있다는 확신을 갖게 되면 창의적이고 혁신적인 중소기업이 많이 생겨나고, 대부분의 국민들이 '괜찮은 일자리'를 갖게 될 것이다. 그것이 모두가 행복해지는 사회로 가는 지름길이다.

3장

자본주의의 기본정신으로 돌아가자

지금까지 우리는 건강한 자본주의 경제에서 이윤 극대화와 완전경쟁을 어떻게 보아야 할지에 대해 생각해보았다. 그리고 아직 자본주의의 참모습과 거리가 먼 우리 경제에 왜 동반성장이 필요한지 알아보았다. 이 장에서는 우리가 추구해야 할 건강한 자본주의의 정신이 무엇인가에 대해 좀 더 본격적으로 살펴보도록 하겠다. 특히 근대경제학의 시조인 애덤 스미스의 사상을 기초로 자본주의의 기본정신을 생각해보고자 한다. 자본주의의 기본정신을 잘 이해하는 데에는 애덤 스미스의 철학을 정확히 이해하는 것이 순서라고 생각하기 때문이다.

애덤 스미스의 『국부론(The Wealth of Nations)』과 『도덕감정론(The Theory of Moral Sentiments)』은 이를 위한 좋은 출발점이 될

수 있다. 애덤 스미스가 생각했던 자본주의의 기본정신이 곧 동반성장의 이론적 기초가 된다는 것도 확인할 수 있을 것이다.

3.1 애덤 스미스의 사상

자본주의 경제의 최고 이상은 이윤 극대화이며, 이윤 극대화를 위해서라면 무한 경쟁이 불가피하다는 것이 신자유주의적 사고다. 여기에서의 경쟁은 국내는 물론 국가 간의 경쟁도 포함한다. 경쟁이 항상 최선의 결과를 낳을 거라는 믿음을 가지고 있는 신자유주의 사상가들은 자신들의 사고의 뿌리로 애덤 스미스의 『국부론』을 종종 인용한다. 그들에 의하면 자유로운 경쟁을 통한 이윤 극대화의 원리가 바로 애덤 스미스가 이야기한 '보이지 않는 손'의 원리이고, 이를 통해 경제 전체의 후생도 극대화될 수 있다고 주장한다.

그러나 이러한 견해는 애덤 스미스의 심원한 이론을 매우 좁게 해석하는 것이다. 애덤 스미스의 깊고 넓은 이론과 철학을 좀 더 상세히 들여다보고, 그것이 신자유주의적 자본주의와 어떻게 다른지 살펴보자.

3.1.1 애덤 스미스의 『도덕감정론』

애덤 스미스는 옥스퍼드 대학에서 수학하고 스코틀랜드 글래스고 대학의 도덕철학 교수가 된 이후, 사회를 질서 속에서 번영시키는 인간의 본성은 무엇인가, 또한 사회는 문명의 발전과 함께 어떻게 변화되는 것인가라는, 인간과 사회에 관한 근본적인 도덕철학의 문제에 관심을 가졌다. 그는 당시 스코틀랜드 계몽사상의 중심인물이었던 프랜시스 허치슨에게 도덕철학을 배웠다. 스미스는 또한 경험론 철학자이고, 『인간본성론(A Treatise of Human Nature)』을 저술한 데이비드 흄, 그리고 볼테르, 달랑베르, 케네, 튀르고 등 프랑스 계몽사상의 중진들과 교류했다. 그 후 집필에 전념하여 인간의 본성에 대한 깊은 고찰을 바탕으로 사회의 질서와 번영에 관한 사상체계를 나타내는 『도덕감정론』과 『국부론』을 저술했다. 먼저 1759년에 출간된 『도덕감정론』을 살펴보자.

인간의 두 가지 기본 성향 – 이기적 성향과 사회적 성향

애덤 스미스는 『도덕감정론』에서 인간이란 혼자서는 살 수 없는 존재라고 생각했다. 인간은 로빈슨 크루소처럼 혼자만의 힘으로 살 수 있는 존재가 아니고 사회에 속하는 존재다. 그러므로 인간의 경제활동을 연구할 때 개인 내면을 체계적으로 분석하는 것도 중요하지만, 인간이 사회 구성원의 하나라는 측면이 반드시 고려되어야 한다고 강조했다. 그러므로 경제활동을 이해하는 데도 인간이 가지고 있는 개인이라는 측면과 사회 구성원이라는 측면을 동시에 감안해야 한다고 주장했다.

이러한 두 가지 측면 때문에 인간은 두 가지 기본 성향을 가진다. 첫째는 이기적인 성향이며 둘째는 사회적 성향이다. 이기적 성향이라 함은 더 이상의 설명이 필요치 않을 만큼 명백한 특징이다. 이를 부인하는 것은 위선밖에 되지 않는다.

사회적 성향은 인간이 혼자서는 살 수 없는 존재이기 때문에 지니게 되는 성향이다. 인간은 자기가 속한 사회로부터 외톨이가 되거나 추방당하지 않으려는 본능을 가지고 있다. 인간은 항상 사회 속에서 살아야 한다. 인간이 사회 속에서 살기 위해, 수없이 많은 세월을 거치며 본능적으로 지니게 된 성향이 바로 사회적 성향이다. 그러므로 사회적 성향은 인간이 사회 속에서 다른 구성원과 조화를 이루며 살아가는 데에 도움이 되도록 '신(神, Deity)의 손'으로 설계된 것이다. 인간의 마음속에 이런 성향이 존재하지 않았다면 인간사회는 유지될 수 없었을 것이다.

이를테면 동료의식이나 남에게 인정받고 싶어 하는 욕망 같은 것들이 사회적 성향의 모습들이다. 인간의 마음속에는 신자유주의 사상이 가정하고 있는 것처럼 이기심만 가득 차 있는 게 아니다. 인간의 마음은 그것보다 훨씬 다양하다. 적어도 동료의식과 인정받으려는 욕망이 이기심과 동시에 존재한다.

동료의식은 나 자신을 다른 사람의 입장에 놓고 생각할 줄 아는 역지사지(易地思之)의 능력이다. 인간은 이성과 성찰의 힘을 빌려 자신을 다른 사람의 입장에 놓고 그 마음을 헤아릴 줄 알게 된다. 다른 사람이 슬픔을 당했을 때 나도 슬퍼지고, 다른 사람에게 기쁜 일이 있을 때 나도 기뻐지는 것이다.

동료의식과 인정받고 싶어 하는 욕망

인간은 이러한 동료의식을 가지고 있기 때문에 사회의 다른 구성원과 동떨어진 마음을 가지지 않는다. 사회의 구성원들이 서로 제각각의 마음을 가진다면 그 사회는 유지되기 어렵다. 마치 아프리카 초원에서 초식동물 무리가 야수의 습격을 받은 무리의 일원을 아무도 도와주지 않고 바라보고만 있는 것처럼, 사람들이 슬픈 일을 당할 때 아무도 도와주지 않는다면, 그런 사회는 더불어 살 만한 사회가 될 수 없는 것이다.

인정받고 싶어 하는 욕망은 어떤 것인가? 이 욕망이 왜 사회적 성향의 모습인가? 다른 사람들로부터 인정받고 싶어 하고 갈채받고 싶어 하는 욕망이 있기 때문에, 사람들은 다른 사람이 인정해주고 갈채해줄 만한 일들을 찾아 하게 된다. 그리고 더 많은 사람들이 갈채받을 만한 일을 더 많이 할수록 그 사회는 더욱 공고해진다.

윤리적 기초로서의 인간의 사회적 성향

이와 같은 인간의 사회적 성향 때문에 인간은 도덕 또는 윤리의식을 가질 수 있다. 애덤 스미스에 따르면 인간에게는 남의 감정이나 행동을 이해할 수 있는 공감의 능력이 있는데, 그런 능력을 통해 자기 자신의 행동을 마치 남이 나를 대하듯 제3자적 입장에서 평가할 수 있다. 여기서의 공감은 타인에게 베푸는 동정이나 연민이라기보다는 인간의 본성을 객관적으로 관찰할 수 있는 능력이다. 애덤 스미스는 이 '제3자'를 '공정한 관찰자(impartial spectator)'라고 불렀다. 인간은 공정한 관찰자의 눈이라는 객관적인 입장에서 자신의 행동을 평가할 수 있기 때문에 자신의 행동을 다른 사람이라면 어떻게 생각할지를 상상할 수 있다. 그리고 그런 상상의 결과로 인해 비로소 도덕성을 가지게 된다. 이러한 도덕적 기초가 있기 때문에 인간은 타인이나 절대권력의 간섭 또는 규제 없이도 자신의 욕구를 바탕으로 사회생활을 영위할 수 있게 되는 것이다.

한편 사람들은 무엇이든지 자기와 즉각적으로 관련 있는 것에 대해서는 다른 사람과 관련된 것보다 훨씬 더 깊은 흥미를 갖는다. 이와 같이 인간이란 다른 사람보다 자신을 더 의식하는 경향이 있기 때문에, 다른 사람으로부터 인정을 받으려는 일반적인 성향만으로는 자신의 행동과 열정을 확실히 통제하기 어렵다. 그리고 인간은 자신의 물질적 또는 사회적 지위를 더 낫게 만들려는 목적으로 어떤 목표를 적극적으로 추구하기 때문에, 각 개인은 다른 사람에게 해를 입히는 결과를 초래하는 방식으로 행동할 가능성을 지닌다.

이기심을 통제하기 위한 정의법칙과 도덕법칙

만약 인간이 이기적 본능에 따라서만 행동한다면 그 사회는 걷잡을 수 없는 혼란에 빠질 것이다. 애덤 스미스는 인간이란 "다른 사람들이 정의를 위반하는 것을 절대로 감수하려 하지 않기 때문에, 공공 사법당국은 정의라는 미덕의 실천을 강제하기 위해 영연방의 권력을 행사할 필요가 있다. 이러한 예방 조치가 없다면, 시민사회는 모든 사람이 상처를 입었다고 믿을 때마다 자기 손으로 보복에 나서는, 유혈이 난무하는 무질서한 조직으로 변할 것이다"라고 말했다. 이러한 언급은 그가 인간의 이기적 성향에 대해 무한한 신뢰를 가지고 있었던 게 절대로 아니었음을 보여준다.

인간이 이기적 성향을 가지고 있다는 것은 무시해서는 안 되는 엄연한 사실이며 자연 그대로의 현상이다. 거기에는 장점도 있다. 이기적 성향은 인간이 보다 나은 물질적 삶을 바라는 욕망을 불러일으킨다. 그리고 그 채워지지 않는 무한한 욕망을 충족시키고자 인간은 끊임없이 노력하게 된다. 이러한 욕망은 인류가 원시 수렵사회에서부터 목축사회로, 그리고 농경사회와 상업사회로 역사적인 발전을 이루게 한 가장 기본적인 원동력이었다.

그러나 인간의 이기적 성향을 그대로 방치하게 되면 사회가 존립하지 못할 위험성도 가지고 있다. 그는 "각 개인의 이기적인 추구는 사회적 다툼의 풍부한 원천"이라고까지 말했다. 그래서 '정의법칙과 도덕법칙(the rules of justice and morality)'이 필요하다. 인간은 다른 사람에게 직접 해를 끼치지는 않지만 타당성이나 적정함이 결여된 행동을 하는 경우가 있다. 이것은 도덕법칙을 어기는 것이다. 도덕법칙은 완벽하게 강제할 수 없으며, 오직 본인 스스로의 절제에 의해 지켜진다. 반면 타당하지도 않고 적절하지도 않게 다른 사람에게 해를 끼치는 행동을 하는 경우가 있다. 이것은 정의법칙을 어기는 것이다. 정의법칙은 부분적으로는 개인들이 스스로에게 부과하는 절제에 의존하지만, 정의법칙이 확실하게 준수되려면 법으로 강제해야 한다.

사회의 유지를 위해 정의법칙과 도덕법칙이 필요한 이유는 무엇인가?

사회를 유지하기 위해 정의법칙이나 도덕법칙 같은 제재가 왜 필요한가? 인간의 판단은 편파적일 가능성이 높기 때문이다. 인간이 어떤 행동을 하려는 순간, 격정이라는 열망으로 인해 제3자의 공정한 관점에서 지금 내가 무엇을 하고 있는지 성찰하기를 허락하지 않는 경우가 많다. 게다가 인간은 스스로를 좋지 않게 생각하기를 싫어한다. 그러므로 자신에게 불리한 판단을 내리게 될지 모르는 상황으로부터는 의식적으로 도피해버린다. 그 결과 인간은 자기 자신을 기만할 가능성이 있다. 이러한 '자기기만(self-deceit)'은 인류의 치명적인 약점이다. 인류가 겪었던 불행과 혼란의 절반 정도는 이 자기기만에 기인한다. 그러므로 인간은 공정한 관찰자의 입장에서 자기 자신을 돌아볼 능력이 있긴 하나, 실제로 그렇게 하지 못할 때가 많다. 바로 제재가 필요한 이유이다. 도덕법칙이든 정의법칙이든 사회 유지를 위해 일반적으로 필요한 여러 법칙들은 모두 인간의 '자기애(self love)'가 잘못된 모습으로 나타나는 것을 바로잡기 위한 것이다.

법칙들은 어떻게 결정되나?

무엇이 맞고 적절한가에 대한 법칙은 다른 사람들의 행동을 계속적으로 관찰한 뒤 이성과 추론의 기술을 사용하여 얻어지는 결과다. 인간의 도덕적 능력과 타당성에 대한 의식이 어떤 행동을 승인하며, 어떤 행동을 승인하지 않는지는 많은 경험을 통해 알게 된다. 다른 사람들에게 해를 끼치는 행위, 즉 정의법칙을 어기는 것을 보면 사람들은 자기도 모르게 분노를 느끼게 된다. 왜냐하면 동료의식을 가지고 있기 때문이다.

예를 들어 애덤 스미스는 다음과 같은 비유로 설명하고 있다.

"부와 명예, 승진을 위한 경주에서 인간은 최선을 다해 달린다. 경쟁자를 따돌리기 위해 모든 신경과 모든 근육을 긴장시킨다. 그러나 만약 그가 경쟁자 중 한 사람이라도 난폭하게 밀어제친다든지 쓰러뜨린다면 관찰자들(spectators)의 관용은 완전히 끝나버린다. 그것은 공정한 경기(fair play)를 어기는 것으로, 관객들은 그것을 받아들일 수 없다." 즉 정의법칙을 어기는 것을 볼 때, 사람들은 쓰러진 사람의 입장이 되어 그의 분노와 슬픔을 함께 느끼는 것이다.

정의법칙과 도덕법칙은 어떻게 다른가?

정의법칙과 도덕법칙은 인간의 본성이 발현된 것으로, 양자 사이에는 비슷한 점들이 있다. 그러나 스미스는 분명하게 두 가지 법칙은 서로 다르다고 간주했다. 정의법칙은 우리가 이웃에 해를 끼치는 것을 막을 뿐이다. 정의법칙은 손상을 입히는 것을 억누르기 때문에 가만히 앉아 아무 일도 하지 않으면 이 법칙을 준수할 수 있다. 반면 도덕법칙은 보다 적극적이고 포괄적인 지침이다. 정의법칙은 문장의 맞고 틀림을 바로 판별할 수 있는 문법에 비유할 수 있고, 도덕법칙은 숭고하고 우아한 작품의 창작을 위해 비평가들이 제시하는 창작법에 비유할 수 있다. 앞의 것은 명확하고 정확하며 필수불가결하다. 뒤의 것은 느슨하고 희미하며 일정하지 않다. 도덕법칙은 우리가 추구해야 할 완벽함을 위해 우리에게 확실하고 틀림없는 방향을 준다기보다, 완벽함에 대해 다소 일반적인 아이디어를 제시해 준다.

애덤 스미스는 "사람들이 도덕법칙을 의식하는 사회, 사람들의 행동이 정의보다는 선행(beneficence)으로 특징지을 수 있는 사회는 번영하는 사회이며 행복한 사회다"라고 말했다. 이와 반대로 "소극적 정의라는 미덕만이 지켜진다면, 그런 사회에서의 삶은 합의된 평가에 따라 좋은 자리를 돈만을 위해 주고받는 것 이상의 아무것도 되지 못한다"라고 말했다.

애덤 스미스는 간단하게 정의법칙만을 준수하는 상황보다 도덕법칙을 의식하는 상황이 보다 수준 높은 인간의 성취에 부합한다고 여겼다. 그렇지만 분석의 관점에서 애덤 스미스는 정의법칙이 사회의 근간을 유지하기 위해 보다 핵심적인 가치라고 보았다. 스미스에 따르면 적극적인 도덕법칙은 아름답게 꾸미는 장식으로 비유할 수 있는 반면, 정의법칙은 건물 전체를 떠받치고 있는 기둥에 비유할 수 있다. 이 기둥을 치워버린다면 위대하고 거대한 인간사회의 조직이 순식간에 먼지처럼 무너져버린다는 것이다. 그러므로 사회 구성원들이 마음속에 품고 있는 정의법칙을 구현하기 위해서는 명문화된 법률체계를 만들어 국가의 힘으로 강제할 필요가 있다. 이것이 오늘날의 법률이다.

3.1.2 애덤 스미스의 『국부론』

애덤 스미스가 1759년『도덕감정론』초판을 출간한 지 17년 후에 완성한『국부론』은 근대경제학의 출발점으로, 과거는 물론 현재와 미래에도 우리에게 풍부한 시사점을 제공하며, 인류의 지성사에 길이 남을 불후의 명작이다. 알프레드 마셜이 그의 명저『경제학 원리(Principles of Economics)』를 탈고하는 데에 십수 년이 걸리자, 그의 제자인 케인즈가 "경제학에서 불후의 명저는『국부론』한 권으로 족하다"며 완성도를 높이느라 더 이상 세월을 보내지 말고, 다소 불완전하더라도 발간하여 좀 더 빨리, 그리고 좀 더 많은 사람이 그의 생각을 알게 하는 것이 좋지 않겠냐고 권했다는 일화는 널리 알려져 있다.

애덤 스미스의『국부론』은 국가의 경제 주도를 당연시하는 중상주의적 사고가 주류를 이루던 당시 사회에 혁명적인 파문을 일으켰다. 중상주의자들은 국부의 증가란 국내에 금이나 은 같은 귀금속을 가급적 많이 축적하는 것이라고 보았다. 그리고 국가가 주도하여 신흥 부르주아 세력을 도우는 것이 가장 효과적인 국부 증진의 지름길이라고 믿었다. 당시 중상주의 국가에서 국가의 역할은 일부 신흥 부르주아와 협력하거나 결탁하여 경제 운용을 주도하면서 왕실과 귀족, 그리고 일부 신흥 부르주아들의 재산 축적을 극대화하는 게

전부였다.

애덤 스미스의 『국부론』은 이러한 시대적 흐름을 정면으로 거슬러, 원활한 경제 운용과 국민들의 경제적 자유 및 후생의 극대화를 위해서는 국가의 주도적인 역할이 필요치 않다는 혁명적인 이론을 담고 있다.

인간의 부인할 수 없는 본성 중 하나인 이기심이 발휘되고, 이익 또는 효용을 극대화하기 위한 경제활동을 자유롭게 해준다면, 각자의 후생이 극대화될 뿐만 아니라 '보이지 않는 손(invisible hand)'에 의해 사회 전체의 후생도 극대화된다는 것이다. 다시 말해 경제가 활발하게 성장하여 국부가 최대한 늘어나도록 하기 위해서는 굳이 국가나 관습 또는 신의 힘을 빌리지 않고, 개인의 이기심이 자유롭게 발휘되는 시장의 기능에 맡기면 된다는 것이다.

당시의 전통적 도덕관념에 의하면 인간의 이기심은 당연히 경멸, 억압, 자제의 대상이었다. 이기심이란 인간의 마음으로부터 떼어버려야 할 추악한 성품으로, 신이나 사회공동체가 아닌 나 자신만을 위해 산다는 것은 받아들여지기 어려운 사상이었다. 그러나 애덤 스미스는 인간의 마음에 존재하는 이기심을 자유롭게 발휘하도록 함으로써, 신이나 사회공동체가 아닌 나 자신만을 위해 사는 것이 오히려 사회 전체의 공익을 극대화하는 길이라는 점을 논증해 보였다. 국가가 관여하지 않더라도 개인의 본성과 자유경쟁 시장의 힘만으로도 효율적 자원 배분이 가능하다는 것이다.

애덤 스미스의 사상은 18세기 이후 오늘날까지 자본주의 경제의 근간이 되고 있다. 자본주의는 다양한 굴곡을 거쳐오기는 했으나 결과적으로 인간이 발명해낸 체제 가운데 가장 효과적인 경제 체제였다. 자본주의 경제 시스템은 애덤 스미스가 『국부론』을 저술한 240여 년 전에는 상상조차 할 수 없을 만큼 사람들의 생활수준을 끌어올렸다. 이는 역사가 증명하는 움직일 수 없는 사실이다.

자유방임 vs 애덤 스미스가 말하는 자유

애덤 스미스의 사상을 정확히 이해하기 위해서는 애덤 스미스가 강조한 개인의 경제적 자유가 법률과 페어플레이 규칙의 준수를 전제로 한다는 점을 기억해야 한다. 즉 스미스는 개인이 공정한 법질서를 어기지 않는 한, 개인의 자유를 최대한 보장할 때 경제도 가장 발전한다고 주장했다. 그는 정의법칙과 도덕법칙을 어기지 않는 한 누구라도 아무런 간섭 없이 자기 이익을 추구할 수 있는 자유경쟁의 시장체제야말로 개인뿐 아니라 사회 전체의 후생도 극대화시킬 수 있는 제도라고 보았다.

구태여 정부가 나서서 사회적 이익을 명분으로 개인의 선택을 제한하거나 유도할 필요가 없다는 것이다. 개인의 자유로운 선택이야말로 건전한 사회질서 형성의 근간이라는 것이 스미스 경제사상의 핵심이었다. 인간에게는 자신의 행동을 성찰하고 타인의 반응을 이해하는 윤리적 기초가 있기 때문이었다. 그러한 윤리적 기초를 전제로 자기 욕구를 실현하려는 개인들의 자유로운 노력이 사회적 공동의 선으로 이어진다는 의미다.

여기서 특기해야 할 부분은 스미스가 말하는 경제적 자유의 추구가 '자유방임(laissez faire)'을 의미하는 게 아니라는 점이다. 이점이 오늘날 스미스의 사상이 오해를 받는 중요한 갈림길이다. 그는 공정한 법질서 및 윤리적 질서 안에서 이루어지는 자유경쟁만이 효율적인 자원 배분을 가져올 수 있다고 믿었지, 사회정의나 공익의 테두리를 벗어나는 사익의 추구를 인정하지는 않았다. 애덤 스미스는 자유방임을 무한대로 정의하고 정부의 역할을 소극적으로 해석하지 않았다. 여기에 유의할 필요가 있다. 스미스가 생각한 경제적 자유는 독과점이나 투기와 같이 사회적 이익에 도움이 되지 않는 사적인 이익 추구까지 포함하지는 않는다. 그는 '방화벽(firewall)'의 예를 들면서, 방화벽이란 자연의 자유에 대한 침해가 될 수 있지만 사회의 안정을 위해서는 꼭 필요하다는 점을 설명했다. 금융거래에 대한 규제도 같은 맥락에서 이해해야 한다고 보았다.

애덤 스미스는 경제적 자유의 확장을 위해 정부의 간섭이 줄어들어야 한다고는 했지만, 그렇다고 해서 정부의 역할이 작으면 작을수록 좋다고 한 것은 아니었다. 오히려 그는 경제적 자유의 확보와 시장의 원활한 작동, 소수 특권세력에 대한 견제와 다수의 복지 향상을 위한 정부의 역할을 광범위하고 다양한 형태로 인정했다. 비효율과 부패를 초래하는 정부의 부당한 간섭과 규제는 경계하고 있지만, 독점이나 공공재 사유화 같은 시장 실패를 바로잡을 정부의 개입이 정당함을 주장하기도 했다.

애덤 스미스의 중상주의 비판

스미스는 잘살아 보려는 자기중심적 인간의 본성을 무시하지 않고 받아들였다. 나아가 자기중심적 욕구가 오히려 신의 섭리나 국가의 중재 없이도 건전한 사회질서와 양립할 수 있음을 보여주었다. 이러한 사상은 자신이 살았던 시대의 관점에서 볼 때 매우 진보적이고 민주적인 사회개혁 이념이었다.

스미스가 활동했던 18세기 영국은 17세기에 이루어진 성공적인 시민혁명의 결과로 의회정치가 정착되고, 중소 상공업자들이 신흥 경제세력으로 떠오르고 있었다. 한 나라가 잘 살기 위해서는 국가나 소수 부자에 의한 금은의 축적이 중요하다고 믿는 중상주의 사상이 지배하던 시대였다.

애덤 스미스는 『국부론』을 통해 국부의 증가를 위해서는 금은의 축적이 중요한 게 아니라, 다수 노동자의 소비를 충족시킬 생산의 증가가 지속되는 것이 더 중요하다고 주장하며, 중상주의 사상에 이의를 제기했다. 애덤 스미스는 중상주의식 정부 개입을 비판했는데, 이는 국가 주도 체제에서 특권층과 정치권력의 결탁이 규제와 독점을 양산한다고 믿었기 때문이다. 스미스가 특히 경계한 부분은 기득권 세력과 정부권력의 결탁에 의해 생겨나는 규제와 특권이었다. 일부 독점 상인들에게만 특권을 부여하니 가격 체계가 왜곡되고 생산요소의 효율적 사용이 어려워진다고 본 것이었다.

애덤 스미스와 기득권 계층

경제 발전 초기 단계에 있는 나라에서는 시장제도가 충분하지 않기 때문에 시장에서의 자발적인 자원 배분을 통한 경제 성장을 기대하기 어려울 수 있다. 따라서 정부가 적극적으로 나서서 자원을 동원하고 이를 선택적인 용도에 배분하는 산업정책을 수행할 유인이 커진다. 이 경우 국내 유치산업을 보호하기 위해 수입 제한이나 수출 보조금과 같은 정책이 수반되기 쉽고, 나아가 자본의 효율적 사용이라는 명분으로 소수의 독과점 기업에 경제력이 집중될 가능성이 높다.

자본주의가 발전하면서 부르주아 기득권 세력이 형성되었는데, 이들은 경제적 자유와 시장의 자율성을 근간으로 하는 스미스의 이론을 정부의 간섭에 대한 편리한 방패막이로 삼아왔다. 그렇지만 애덤 스미스는 기득권 세력의 이익을 대변하는 보수적 입장과는 거리가 멀었다.

애덤 스미스는 특히 자본가들에게 부여되는 대표적인 특권인 독점에 대해 매우 비판적이었다. 우선 규범적인 측면에서 볼 때 정의와 평등에 어긋나는 것이고, 실증적인 측면에서 볼 때 가격을 높이고 생산을 줄여 경제후생을 낮추는 결과를 낳기 때문이다. 독점은 또한 자본이 자유롭게 이동해 가장 생산적인 목적에 사용되는 것을 막는 장벽 구실을 함으로써 사회적 비효율의 원인이 된다는 점을 강조했다.

애덤 스미스는 특정 계층의 이해보다는 공정한 법질서를 강조했고, 부자보다는 평범한 노동자를 옹호했으며, 국가보다는 시장의 능력을 신뢰했다. 그가 시장을 강조한 것은 자유경쟁 시장이 효율적 자원 배분을 가능케 한다는 점 못지않게 시장이야말로 기득권 계층의 탐욕에 제동을 걸고, 이름 없는 개인들이 자기가 노력한 만큼 골고루 혜택을 받는 분배체계라고 생각했기 때문이었다.

『국부론』에 대한 잘못된 해석

그러나 세월이 흐르며 애덤 스미스의 이론과 사상은 그의 의도와는 다른 방향으로 해석되고 이용된 측면이 없지 않다. 정부 통제의 완화가 자신의 정치적, 경제적 이익에 부합된다고 판단한 부르주아 기득권 세력이 바로 그들이다. 이들은 경제적 자유를 강조한 스미스의 이론을 정부의 간섭에 대한 방패막이로 사용했다.

애덤 스미스의 생각을 종합적으로 이해하지 않고 편협하고 단조롭게 해석하다 보니 그의 사상은 적지 않은 부분에서 그릇된 방향이 강조되었다. 신자유주의적 경제사상은 애덤 스미스의 경제적 자유와 시장경제 그리고 '보이지 않는 손'을 편협하게 해석한 대표적인 사례다. 가깝게는 우리 사회에서 동반성장이 본격적으로 시대적 화두로 등장하던 2011년 당시, 이를 격렬하게 반대했던 사람들의 기본적인 생각과 주장도 『국부론』에 대한 편협한 해석에 근거하고 있다.

『국부론』은 정독을 하지 않으면 이해하기 쉽지 않은 책이다. 전문가가 아닌 일반 독자들은 의미를 제대로 파악하기가 상당히 어려운 저작이다. 『국부론』이 처음 출판되었던 1776년 3월, 애덤 스미스의 친구인 데이비드 흄은 스미스에게 보낸 편지에서 "이 책을 읽는 데에는 필연적으로 굉장한 집중을 필요로 하지만 일반 대중은 원래 집중을 거의 하지 않는 경향이 있기 때문에, 나는 아직도 당분간은 이 책이 처음부터 굉장한 인기를 끌지는 못하지 않겠나 의심하고 있네"라고 썼을 정도였다.

그렇기 때문에 애덤 스미스의 사상을 잘못 이해하여 자본주의의 기본에 대해 잘못 알고 있는 것을 탓할 수만은 없는 노릇이다. 경제학이나 철학을 업으로 삼지도 않는 사람들이 애덤 스미스의 깊은 사상을 정확하게 이해하기를 바랄 수는 없는 일이기 때문이다. 오히려 그 사람들에게 애덤 스미스의 사상을 정확하게 가르치지 않았던 경제학자들에게 문제가 있다. 재벌총수와 일부 보수 정치인들이 대학에서 경제학을 배울 때부터 자본주의의 기본에 대해 잘못 가르치니 잘못 배울 수밖에 없었을 것이다. 게다가 대학을 졸업하고 수십 년 동안 대기업을 운영하면서, 또는 사회생활 및 정치활동을 하면서 틈틈이 경제 전문가들로부터 경제학에 관한 지식을 꾸준히 충전하려 해도, 애덤 스미스의 『국부론』이나 자본주의의 기본에 대해 정확하게 알고 있는 경제 전문가들이 드물었을 테니, 이 또한 사실상 기대하기 어려운 일이었다.

이런 상황은 특히 약육강식의 경쟁 지상주의적 편견을 애덤 스미스에 뿌리를 둔 근대경제학의 주류 사상이라며, 재벌총수와 보수 정치인을 편들던 대기업 편향의 일부 경제학자들의 책임이 크다. 애덤 스미스가 환생하여 오늘의 한국 경제를 들여다본다면, 그는 자기 사상을 계승했다고 자처하는 친재벌 성향 이념가들에게 "진실로 너희에게 이르노니 내가 너희를 알지 못하노라(마태복음서 25:12)"라고 분노하지 않았을까?

3.1.3 '보이지 않는 손'의 정체는 무엇인가?

애덤 스미스는 '공정한 관찰자'의 판단을 따르는 '현명함(wisdom)'이 사회의 질서를 유지하는 역할을 하는 반면, 각자가 자기기만에 의해 공정한 관찰자의 판단을 무시하려는 '연약함(weakness)'은 '보이지 않는 손'에 이끌려 사회를 번영으로 이끄는 역할을 한다고 보았다. 그러나 그는 '보이지 않는 손'이 제대로 기능하기 위해서는 '연약함'에서 오는 이기심이 방임되어서는 안 되고 '현명함'에 의해 제어되어야 한다고 강조했다.

애덤 스미스에 의하면 인간 마음속의 '연약함'을 따라 세상의 평가를 중시하여 부와 지위를 좇는 이기심은, '보이지 않는 손'에 의해 사회 전체의 부를 증가시키고 많은 사람들 사이에 생활필수품의 분배를 가져온다. 한편 인간 마음속의 '현명함'은 공정한 관찰자의 판단에 따라 최저 수준 이상의 부를 갖는 것이 행복, 즉 마음의 평온에 큰 차이를 가져오지 않는다는 것을 알고 정의를 추구한다. 그리고 생명, 신체, 재산, 명예 등을 침해하는 행위에 대한 처벌이 공정한 판단으로 이루어지게 하기 위해 정의에 관한 엄밀하고 보편적인 사회적 규칙, 즉 법을 정해놓는다.

그런데 애덤 스미스는 사람들이 처음부터 사회질서 유지에 정의가 필수불가결하다고 생각해서 법을 정하는 것은 아니라고 했다. 정의를 불러일으키는 분노를 본성적으로 싫어하기 때문에 법에 의해 그 분노를 제어하려는 것에 불과하다는 것이다. 사람들이 법을 지키는 것도 본성적으로 비난받는 사람이 되고 싶지 않기 때문이다. 사람들이 의도한 것은 아니었지만 이러한 동기에 의해 법을 정하고, 그것을 지킴으로써 평화롭고 안전한 생활을 영위할 수 있다는 것이다.

인간 본성인 이기심이 의도하지는 않았지만 시장의 가격 메커니즘인 '보이지 않는 손'에 의해 사회의 번영을 가져오듯이, 분노를 느끼고 싶지 않고 비난을 받고 싶지 않은 마음속 '공정한 관찰자'가 직접 의도하지는 않았지만 법치주의라는 '보이지 않는 손'에 의해 사회질서를 가져오는 것으로 볼 수 있다. 얼핏 보면 국가의 공권력이 수반된다는 점에서 법치주의는 '보이는 손'이라고 생각할 수 있지만, 그 이면에는 법치주의가 분노를 통제하고 비난받는 삶 대신 평화로운 생활을 누리려고 하는 동기의 의도치 않은 발로라는 점에서 '보이지 않는 손'이라고 볼 수 있을 것이다. 인간이 경쟁에서 마음속 '현명함'을 우선시하여 페어플레이 규칙을 따른다면, 이기심의 '보이지 않는 손'과 공정한 관찰자의 '보이지 않는 손'에 의해 사회질서가 유지되고 사회는 번영한다. 반대로 사람들이 '연약함'을 우선시하여 페어플레이 규칙을 지키지 않으면, 사회질서는 어지러워지고 사회의 번영도 제대로 실현되지 않는다. 사회를 질서와 번영으로 이끄는 것은 '현명함'과 모순되지 않는 '연약함'을 추구하는 것, 다시 말해 정의감에 의해 제어된 야심과 경쟁이다. 즉 경쟁이 페어플레이 규칙에 따라 이루어지면, 국가는 두 가지 인간 본성의 '보이지 않는 손'에 의해 질서와 번영을 이룰 것이다.

오늘날 세계의 많은 나라가 민주주의를 채택하여 사람들이 자유를 누리며 살게 된 데에는 각 나라 정치인과 철학자, 사회운동가, 교육자, 오피니언 리더 들의 보이지 않는 고뇌와 희생, 지도력이 숨어 있다. 애덤 스미스에게 이 사람들은 기본적으로 마음속 공정한 관찰자의 판단에 따르는 사람, 즉 '현명한 사람(wise man)'이었을 것이다. 오늘날 인류가 과거에 비해 정치, 경제, 사회, 문화적으로 훨씬 다양하고 풍부한 삶을 영위할 수 있게 된 것은 수많은 현자들의 보이지 않는 열정에 기인한다. 이런 의미에서 현자들의 보이지 않는 열정이야말로 애덤 스미스가 말한 '보이지 않는 손'의 정체다. 수많은 현자들의 열정 때문에 경제가 돌아가고, 사회후생이 비로소 극대화 될 수 있었다. 이런 열정은 돈만으로는 다 설명되지 못한다. 돈으로는 그런 열정을 살 수도 만들어낼 수도 없다.

'보이지 않는 손'은 누구의 손인가?

도덕법칙에 대해 애덤 스미스는 이렇게 말했다. "우리의 도덕적 능력이 지시하는 대로 행동함으로써, 우리는 필연적으로 인류 행복

증진의 가장 효과적인 수단을 추구하는 것이다. 그러므로 어떤 의미에서는 신과 협력하고 있는 것이라고 말할 수 있고, 우리의 힘이 닿는 한도까지 신의 계획을 시행하는 것이라고 말할 수 있다."

이 언급은 스미스의 특징적인 주제인, 인간은 보이지 않는 손에 이끌려 그의 원래의 의도와 관련이 없던 목적을 달성하게 된다는 견해를 설명하고 있다.

'보이지 않는 손'에서의 손은 누구의 손인가? 그것은 신의 손이다. 신의 손에 따라 인간은 자기도 모르는 사이에 자기가 의도하지 않았던 것을 이루게 되는데, 경제원론에서는 그것을 효용의 극대화, 이윤의 극대화라고 가르친다. 하지만 스미스가 말했던 것은 인류의 최대 행복이었다. 보이지 않는 손에 따라 자기도 모르게 이루게 되는 것은 인간을 최대한 행복하게 만들고자 하는 '신의 계획(Plan of Providence)'이다.

신의 손은 어떻게 인간을 움직이는가? 인간이 지니고 있는 도덕적 능력을 통해서다. 도덕적 능력이 지시하는 대로 움직이는 것이 바로 보이지 않는 손에 이끌리는 것이다. 그러므로 도덕법칙이 지시하는 대로 움직여야 사회적 후생이 최대화될 수 있다. 도덕법칙을 따르지 않고 정의법칙만 따른다면, 즉 처벌받지 않을 정도로 최소한의 법률만 지키는 식이라면 그 사회의 행복은 절대 극대화되지 못하는 것이다.

3.2 자본주의의 기본정신과 동반성장

지금까지 애덤 스미스의 사상을 개관해보았다. 이로부터 우리 경제가 추구해야 할 자본주의의 참모습에 대해 적지 않은 시사점을 얻을 수 있었다. 또 우리 경제가 가야 할 길을 둘러싼 혼란을 애덤 스미스의 사상을 통해 명쾌하게 정리해볼 수 있었다.

자유방임적 자유주의보다 동반성장이 애덤 스미스의 철학에 더 가깝다

친재벌 성향의 많은 학자와 정치인, 언론인 들은 동반성장이 자유주의적 자본주의에 반하는 사회주의 사상이라는 비난을 쏟아냈다. "모름지기 바람직한 자본주의란 경쟁이 자유로운 시장을 기본으로 해야 한다. 그리고 그 시장에서 얻어지는 결과는 좋건 나쁘건 받아들여야 한다. 정부는 가급적 전면에 나서지 말아야 하며 일을 하지 않으면 않을수록 좋다. 그래야 경제가 가장 효율적으로 발전할 수 있고, 모든 사람들의 후생이 극대화된다. 이것이 바로 경제학의 아버지 애덤 스미스의 가르침이다. 여기에서 벗어나는 생각은 자본주의의 원리를 모르는 무식하고 불순한 사상이다." 이것이 동반성장에 대한 그들의 비난이다.

그러나 동반성장이야말로 재벌 대기업들이 좋아하는 신자유주의적 사상보다 훨씬 더 애덤 스미스의 본래 사상에 가깝다. 나아가 친재벌 이념가들이 말하는 자유방임적 완전경쟁 시장보다 우리 경제가 추구해야 할 자본주의의 참모습에 더 가깝다. 애덤 스미스는 그들이 믿는 것처럼 경쟁을 하도록 내버려 두기만 하면 사회 전체의 후생이 저절로 극대화된다고 말하지 않았다.

그들은 인간이 이기심을 부끄러워하지 않고 자유롭게 경쟁하도록 놔두면 '보이지 않는 손'이 모든 것을 해결해줄 거라고 믿는다. 이런 생각은 인간이 이기심만을 추구하더라도 아무런 문제가 되지 않는다는 오해를 낳게 한다. 이기심만 가득한 이익 추구는 탐욕이다. 물론 탐욕도 인간의 본성이다. 그러나 탐욕은 인간의 본성 중에 절제되어야 하는 부분이다. 자본주의와 시장이 탐욕까지 용납한다고 생각한다면 그건 착각이다. 자본주의는 탐욕과는 원래 아무 상관이 없다. 자본주의를 조금이라도 제대로 공부했다면, 자본주의는 정당한 이익 추구를 보호하려는 것이지 탐욕 추구까지 보호하기 위한 것은 아니라는 상식을 갖고 있을 것이다.

애덤 스미스는 이기적이기만 한 인간들이 모여 있는 사회가 제대로 굴러갈 것이라는 식으로 말하지 않았다. 이기적인 인간들이 마음대로 하게 내버려둬도 보이지 않는 손이 저절로 최선의 결과를 만들어낸다고 말하지 않았다. 보이지 않는 손이 작동하여 사회 전체의 후생이 극대화되려면 중요한 몇 가지 전제조건이 필요하다고 보았다. 그런 전제조건들이 충족되는 경제는 굉장한 수준의 도덕성이 필요하다. 친재벌 성향의 이념가들이 만약 자신들이 추종하고 있는 애덤 스미스가 이런 생각을 했던 철학자라는 사실을 깨닫게 된다면, 틀림없이 경악을 금치 못할 것이다. 자신들이 해왔던 주장을 뒷받침하는 철학인 줄 알았는데, 알고 보니 자신들의 경솔함을 꾸짖고 있기 때문이다.

동반성장은 우리 경제의 잠재력을 극대화하는 '보이지 않는 손'

지금까지 자유방임적 완전경쟁으로 요약되는 친재벌 성향 이념가들의 신자유주의적 경제사상을 애덤 스미스의 사상과 비교해 살펴보았다. 동반성장이 우리 사회의 중요한 이슈로 던져지자 그 뜻에 동의하는 사람들조차 회의적인 시각이 많았다. 동반성장이 법률로 뒷받침되지 않는 이상 가시적 성과를 거두기 어려울 거라는 비판이었다. 법이나 행정력의 강제 없이 민간이 주도한다면 재벌 대기업들이 과연 말을 듣겠냐는 것이었다. 결국 재벌 대기업의 선의에 호소해야 하는데, 그들이 그저 면피성으로 몇 가지 들어줄 수는 있어도 동반성장을 우리 사회의 진정한 기업문화로 받아들이지는 않을 것이라는 의심과 불신이었다.

이들의 비판은 별로 틀리지 않다. 근본적인 의미에서 동반성장은 법률이나 행정력이 뒷받침되지 않은 민간 자율의 기업문화 운동이라고 할 수 있다. 그러나 현실적인 시각에서 볼 때 법률로 강제하지 않는 한 문화적인 '운동'이 우리 경제의 모습을 바꿀 수 있겠는가라는 회의론은 충분히 일리가 있다. 그렇지만 법률로 강제되지 않는다고 해서 그것이 무의미한 시도라고 폄하하기는 이르다.

애덤 스미스의 '보이지 않는 손'도 앞에서 설명한 바와 같이 법률이나 행정력으로 강제할 수 없는, 인간의 도덕적 능력이 지시하는 대로 움직여야 비로소 작동이 된다. 법률이 아니라 도덕법칙을 따르는 것이라고 해서 실효성이 없고 무의미하다고 간과해서는 곤란하다. 어떻게 하면 재벌 대기업들이 법률이나 행정력으로 강제하지 않더라도 도덕법칙에 따라 동반성장에 나서게 할 것인지를 고민해야 한다. 그리고 그런 일이 실제로 이루어져야 애덤 스미스의 비전대로 우리 경제 전체의 후생이 비로소 극대화될 수 있다. 애덤 스미스의 통찰대로 재벌 대기업들이 단지 처벌을 받지 않기 위해 법률을 최소한으로 지키는 식으로 대응한다면, 우리 경제는 잠재능력을 100% 발휘하기 어려울 수밖에 없다.

동반성장은 우리 경제의 잠재능력을 극대화하고 전체의 후생을 극대화하는 '보이지 않는 손'의 역할을 할 수 있다. 동반성장은 애덤 스미스가 생각했던 자본주의의 기본정신에 가장 가깝다. 재벌 대기업들이 우리 경제가 지향해야 할 자본주의 경제의 참모습이 무엇인지를 자각하고, 협력 중소기업들을 이윤 극대화의 원천이 아니라 함께 성장해야 할 파트너로 생각한다면, 동반성장은 자연스럽게 정착되고 우리 경제의 잠재능력은 극대화될 수 있을 것이다. 또한 재벌 대기업들이 동반성장에 적극 나설 때, 비로소 오명을 씻어버리고 국민 모두로부터 사랑과 존경을 받을 수 있을 것이다. 그리고 비단 자신들만이 경쟁 시장에서의 승리자가 된 것이 아니라, 후발 중소기업들이 국내와 전 세계 시장에서 승리자가 될 수 있도록 선배로서 도움을 톡톡히 주었다는 찬사까지 받게 될 것이다.

4장

시대정신, 동반성장

4.1 동반성장과 경제민주화

역사적 고찰

모두가 함께 잘살자는 의미의 동반성장은 오래전부터 우리 사회의 공통된 바람이자 요구였다. 다만 본격적으로 회자되기 시작한 것은 비교적 최근의 일이다. 특히 2010년 12월 '민간협의체'로 출범한 동반성장위원회는 '동반성장'이란 용어의 대중화에 중요한 모멘텀이 되었다. 2012년 대선을 전후해서는 경제민주화가 유행처럼 급부상했다. 선거 승리를 위한 정치 공학적 측면에서는 탁월한 화두였다. 여야 정치권은 물론 한다 하는 식자들이 논의에 뛰어들어 한마디씩 보탰다. 가히 백가쟁명의 상황이었다.

아직도 동반성장과 경제민주화에 대해서는 말도 많고 오해도 많다. 쓰는 사람마다 용어의 의미가 제각각이고 보는 시각도 저마다 다르다. 들어 있는 알맹이가 다양한 논객들의 색깔론과 목소리에 가려 국민들만 혼란스러워하니 안타까운 일이다. 여기에서는 먼저 경제민주화가 왜 중요한지 역사적인 관점에서 정리해보고자 한다. 그리고 나서 동반성장에 대해 논의하자.

경제력 집중과 일반 국민의 경제생활

그동안 우리 사회에서 재벌문제를 얘기할 때 주로 경제력 집중이 표적으로 거론되어왔다. 물론 한 나라의 경제력이 소수 기업에게 심하게 집중되어 있다면 경제 전체의 위험이 커지는 것은 당연한 사실이다. 그렇지만 이는 경제 전문가들이 말하는 위험이고, 일반 국민들의 입장에서 보았을 때 사실 경제력 집중은 피부에 와닿는 문제는 아니다. 솔직히 말해 유명 연예인의 결혼 뉴스만큼도 관심을 끌지 못한다. 따라서 재벌문제를 얘기할 때 '경제력 집중'을 핵심으로 삼는다면, 일반 국민들로부터 공감을 얻기 힘들다. 관심이 없는 얘기를 하면 지지를 이끌어내기가 어렵고, 정치적인 동력도 받기 힘들다. 그리고 재벌문제의 결과가 경제력 집중으로 나타나긴 하지만 따지고 보면 문제의 본질이 경제력 집중 자체만은 아니라고 생각한다.

그런데 한 기업의 경제력 집중으로 다른 중소기업이나 일반 국민의 경제생활이 영향을 받는다면 이야기는 달라진다. 경제력이 집중되는 것에는 관심이 없더라도, 그 결과 나의 경제생활이 제약을 받는다면 반감과 저항을 불러일으키게 되는 것이다.

권력은 분산되는 것이 인류 역사의 흐름

경제력도 하나의 권력이다. 가장 일반적으로 지칭되는 권력은 물론 정치적 권력이지만 경제력도 권력이며 지적인 힘 역시 권력이다. 언론도 권력이라고 하지 않는가. 이러한 권력은 소수에게서 다수로 확산되는 것이 인류 역사의 흐름이자 하나의 법칙이다. 검은 연기가 공중으로 흩어지고 물속에 떨어뜨린 잉크가 퍼지듯, 모든 권력이 주변으로 확산되는 것은 자연의 법칙과 같다.

가장 대표적인 경우가 정치권력이다. 인류의 역사에서 국가의 탄생은 권력의 집중에서 시작되었다. 그 후 오랜 세월 동안 한 나라의 정치권력은 군주 한 사람에게만 집중되었다. 그러다 귀족과 관료 계층으로 조금씩 분산되더니, 근대에 접어들어 시민혁명을 통해 일반 시민에게까지 확산되었다. 처음에는 재산을 가진 부르주아 계층의 남성에게, 나중에는 모든 성인 남성에게로 확산되었다. 20세기에는 모든 여성에게까지 확산되었다. 결국 한 사람에게 집중되어 있던 정치권력은 모든 성인에게 고르게 나누어졌다. 정치적 영향력을 고려할 때 아직까지 정치권력이 완벽하게 균등히 나누어졌다고 할 수는 없다. 하지만 투표만큼은 모든 시민들이 동등하게 한 표를 행사하는 시대가 되었다. 이렇게 인류의 역사는 곧 정치권력의 확산

과정이라고 볼 수 있다.

'지적 권력(intellectual power)'도 마찬가지다. 대다수 사람들이 글을 모르던 시대에는 극소수의 학자들만이 지적 권력을 독점하고 있었다. 활자가 발명되고 대학이 설립되자 지적 권력은 좀 더 많은 수의 엘리트에게로 확산되었다. 근대에 확립된 공교육 제도는 지적 권력을 더욱 대중적으로 확산시키는 역할을 담당했다. 최근에는 정보통신 기술의 발달로 인터넷을 통하여 누구나 원하는 정보를 얻을 수 있는 시대가 되었다. 수많은 정보 가운데 필요한 정보를 취사선택하는 능력은 사람마다 다르지만, 적어도 지적 권력이 특수한 계층에 배타적으로 소유되지는 않게 되었다. 그 결과 오늘날의 지적 권력은 권력이라 부르기 어려울 정도로 대중화되기에 이르렀다.

경제력 또한 여러 사람에게 분산되는 과정을 밟고 있다. 다만 정치권력이나 지적 권력보다 덜 평등하게 확산되었다. 최근에는 소수에게 다시 집중되는 경향을 보이기까지 한다. 이것은 인류 역사에서 예외적인 현상이다. 경제력을 모든 사람에게 동일하게 분산시키고자 했던 사상이 바로 공산주의였다. 그러나 70여 년 동안의 공산주의 실험은 실패로 돌아갔다. 공산주의를 한다는 국가에서도 경제력은 고르게 나누어지지 못했다. 오히려 자본주의보다 더 경제력 격차가 크게 벌어지는 경우도 있었다. 인류의 오랜 역사에서 경제력의 차이만은 그다지 좁혀지지 않고 있다. 그 결과 전 세계에서 정치적 왕조는 북한을 제외하고 대부분 사라졌지만, '경제적 왕조'는 우리 주변에도 살아남아 있다.

경제적 권력의 집중이 문제시되는 때는 어떤 경우인가

어느 정도의 경제력 격차는 불가피한 것이다. 경제력 격차를 완벽하게 없애려는 것은 바람직하지도 않고 가능하지도 않다. 사람의 경제능력이 다 같을 수는 없다. 경제적인 능력이 다르면 그에 따라 경제력도 달라질 수밖에 없다. 모든 사람들의 경제적 능력 차이를 무시하고 경제력을 똑같이 만들려고 한다면, 그것은 신의 섭리, 자연의 섭리를 무시하는 것이나 마찬가지다.

경제력의 차이는 인정해야 한다. 하지만 경제력의 집중으로 인해 경제적 약자들의 경제활동이 경제적 강자에 의해 부당하게 제약을 받는다면, 이는 문제가 될 수밖에 없다. 아무리 자본주의 사회에서라도 이 정도에 이르면 이야기가 달라진다. 과거 정치권력이 지나치게 집중된 결과, 권력자가 권력을 가지지 못한 자의 인신을 부당하게 구속할 때, 이에 반발하여 혁명이 일어났던 역사를 상기할 필요가 있다. 이와 마찬가지로 경제적 강자에 의해 개인의 경제활동의 자유가 부당하게 침해된다면 당연히 반발을 불러일으키게 되고, 그러한 상황을 초래했던 경제적 불평등을 문제 삼을 것이다. 신체적 자유냐 아니면 먹고사는 문제냐의 차이일 뿐 본질은 같다.

대기업의 골목상권 침해 문제를 생각해보자. 골목가게 주인 입장에서 인근에 대형마트가 입점하기 전까지는 그 대형마트의 모기업이 재벌 대기업인지, 자산 규모가 어느 정도인지, 얼마나 돈을 버는지에 대해 하등의 관심을 가질 이유가 없을 것이다. 그러나 그 대형마트가 가게 근처에 입점을 하고 나의 생계가 위협을 받는 상황에 이른다면, 이야기는 완전히 달라진다. 생계가 위협받는 상황이라면 누구라도 당연히 반발을 할 것이다. 독재권력에 의해 내가 감옥에 가거나 목숨을 위협받는 경우와, 대형마트 입점으로 인해 나의 생계가 위협받는 경우가 크게 다르지 않다. 고통의 모습에 차이가 있을망정 생존과 자유의 문제라는 데에는 차이가 없다. 정치권력의 영향이든 경제적 권력의 영향이든 자신의 삶이 부당하게 영향을 받는다고 생각하면, 사람들은 모두 그것에서 벗어나기를 원한다. 이것은 동물적인 본능과 유사하다.

바로 그런 일들이 지금 우리나라에서 벌어지고 있다. 집중된 경제력이 나의 삶에 부당한 영향을 미치고 있다는 사실을 깨닫고, 사람들은 경제력 집중을 정치권력의 집중과 다르게 취급해야 할 이유가 과연 무엇인지 의문을 품게 되었다. 이러한 생각들이 모여 재벌에 대한 반감이 되고 분노가 되었다. 그리고 분노의 대상이 재벌에 그치지 않는다. 재벌이 내 가족과 이웃의 것을 빼앗아 제 몸만 살찌우도록 방관하고 협조한 정부에 대한 불신으로 이어지고 있다. 사회의 안정을 위해서라도 정부가 당연히 나서야 하는 이유가 여기에 있다.

경제민주화와 동반성장[2]

요즘 많이 쓰이는 포털사이트 검색창에 '경제민주화'를 입력하면 다음과 같은 정의가 나온다. "대기업에 쏠린 부의 편중 현상을 법으로 완화해야 한다는 주장을 통칭하는 말." 학생들에게 경제민주화가 무엇인 것 같냐고 물었더니 "복지를 늘리는 것"이라고 답하기도 했다. 여당 야당 할 것 없이 경제민주화를 외쳤지만 선뜻 그것이 무엇이라고 정의할 수 있는 사람은 많지 않아 보인다. 과연 경제 민주화란 무엇일까?

경제사회는 한마디로 말하기는 어렵지만 대체로 하나의 커다란 교환 체제, 즉 '당신이 나에게 어떤 것을 해주면 나도 당신에게 무엇인가 해주겠다'는 식의 공생공존 체제다.

기업은 노동자를 고용하여 재화 또는 서비스를 생산하고 이를 소비자 또는 다른 기업에게 내놓는다. 그러면 소비자 또는 다른 기업은 자기들의 필요에 따라 제품을 고르고 그에 대한 대가를 기업에게 지불한다. 이때 기업과 노동자는 그들의 제품을 구매하는 소비

2 이 부분은 정운찬, "한국경제의 민주화를 위하여" 정운찬 외, 「도전받는 한국경제」, 한국신용평가주식회사, 1990에 기초하고 있다.

자나 다른 기업과의 교환을 전제로, 노동의 수요와 공급을 내용으로 하는 교환관계를 맺는다.

이와 같이 현대 경제의 생산과 소비 체제는 각 구성원들이 상호간에 크고 작은 다수의 교환관계를 맺고 있는 커다란 교환 체제인 것이다. 일단 교환 체제가 확립되면 각 개인은 독립적으로는 존립할 수 없으며, 하나의 사회 구성원으로서만 의미를 갖게 된다. 그리고 이러한 상호의존성 · 상호관련성은 대부분의 생산이 우회적인 성격을 갖는 현대 경제에서는 더욱 강화된다. 특히 과학기술이 급속도로 발전하여 생산의 우회도가 더욱 높아졌을 뿐만 아니라 생산물의 종류도 더욱 다양해졌다. 그 결과 생산자와 소비자, 생산 과정에 참여하는 노동자와 기업 및 한 기업과 다른 기업간의 교환 체제는 그물처럼 복잡하게 얽혀 있다.

경제사회를 하나의 커다란 교환 체제로 볼 때, 경제민주주의란 경제사회의 구성원 간에 이해가 상충될 때 각자가 별 손해 없이 다른 구성원과의 교환을 거부할 수 있는 장치를 의미한다고 볼 수 있다.

예를 들어 100만 원의 가치를 갖는 노동을 제공할 수 있는 노동자가 있다고 하자. 그 노동자가 100만 원 이하의 보수를 제공하는 고용주의 고용 제의를 손해 없이 거절하고 다른 고용주를 찾아 나설 수 있다면, 그 노동자가 속한 노동시장은 민주적이라고 할 수 있을 것이다. 다시 말해 경제사회 구성원들 사이에 형평이 이루어져,

한 구성원이 다른 구성원들을 압도하지 못하고 각자가 자기에게 불리하다고 생각하면 언제든지 자유롭게 교환을 거부할 수 있을 때, 경제민주주의가 정착되었다고 할 수 있다.

그러자면 노동자는 일을 안 해도 될 정도로 일상생활을 유지할 수 있는 생활수단이 있어야 하고, 노동시장에는 새로운 일거리가 충분해야 한다. 이런 관점에서 볼 때 한국 노동시장의 민주주의는 아직 멀었다.

대기업과 중소기업 간의 교환 관계는 어떤가? 2014년 10월 24일 KBS 뉴스 '취재파일 K' 보도를 보면 대기업의 횡포가 얼마나 극심한지 고스란히 드러난다. 이 보도에 나오는 배 씨는 특허기술을 보유한 전자 부품 업체의 대표였다. 배 씨의 회사가 A사에 납품하는 물건의 원가는 인건비와 관리비 등을 포함해 820원이었는데, A사와의 협상에서 그 단가는 683원으로 줄어들었다. 단가가 원가의 80% 수준으로 떨어진 것이다. 배 씨는 떨어진 단가에라도 납품을 하기 위해 물량을 준비했는데, A사 측은 전량 공급받겠다던 계약을 어기고 주문 물량을 줄여 배 씨의 회사는 결국 문을 닫을 수밖에 없었다.

배 씨는 대기업의 부당한 제안을 거절할 수 없었다. 그는 대기업이 후려친 납품가를 거절할 수 없었고 구두주문으로 인한 피해까지 고스란히 볼 수밖에 없었다. 그 결과 회사는 문을 닫았다. 대기업과 중소기업 간 교환 체제는 배 씨의 사례처럼 매우 비민주적이다.

그러면 우리 경제사회는 어떻게 민주적으로 변화할 수 있을까? 경제학에서 한 걸음 뒤로 물러나 헌법을 참고한다면, 경제민주화를 어떻게 접근할 것인지에 대한 힌트를 얻을 수 있다.

대한민국 헌법 119조 1항은 "대한민국의 경제질서는 개인과 기업의 경제상의 자유와 창의를 존중함을 기본으로 한다"라고 규정한다. 하지만 자유시장 경제질서는 완벽한 체제가 아니다. 언제나 불공정한 거래가 일어날 수 있으며, 독점의 위험과 폐단은 자명하다. 그래서 헌법 119조 2항은 "국가는 균형 있는 국민경제의 성장 및 안정과 적정한 소득의 분배를 유지하고, 시장의 지배와 경제력의 남용을 방지하며, 경제주체 간의 조화를 통한 경제의 민주화를 위하여 경제에 관한 규제와 조정을 할 수 있다"라고 규정하고 있다. 다시 말해 우리 헌법은 자본주의적 자유시장 경제질서의 결함과 단점을 제거하거나 시정하기 위하여 경제에 대한 규제와 조정을 허용하고 있는 것이다.

그러면 구체적으로 어떻게 경제민주화를 이룰 것인가? 다시 말해서 시장의 지배와 경제력의 남용 방지를 위한 대책은 구체적으로 무엇인가?

경제민주화를 위해서는 우선 관계 법률과 규칙을 철저히 지키도록 해야 한다. 다음으로는 동반성장을 위해 적극적으로 힘써야 한다.

동반성장을 현실화할 수 있는 제도 중 하나는 '초과이익 공유제'다. 초과이익 공유제는 2011년 초 발표된 동반성장위원회의 첫 작품이었다. 하지만 세상에 알려짐과 동시에 적지 않은 사람들이 반대의 목소리를 높였다. 숲을 보지 않고 나무만 보는 근시안적 관점에서 나오는 비난이었다. 국가의 미래, 중소기업의 생존, 국민의 삶이 흔들리는 줄 알면서도 그 대안에 대해 진지하게 고민하기는커녕 꼬투리를 잡는 행태였다.

그들은 한국 경제의 실정을 너무 모르고 있다. 과거 경제 성장 시절에는 정부가 기본적인 성장전략을 세워 이를 집행했고, 기업가는 여러 가지 불확실한 환경 속에서도 자본과 노동을 동원하여 생산을 조직했으며, 노동자는 일하려는 강한 욕구, 규율, 그리고 새로운 환경에 적응하는 잠재능력을 보여주며 쉬지 않고 일했다. 한국의 경제 성장은 바로 이들이 협력하여 제 몫을 다하는 과정에서 이루어진 것이다. 이들이 협력하지 못했다면, 또 이들 가운데 어느 한 그룹이라도 자신의 역할을 제대로 수행하지 못했다면 한국의 경제 성장은 훨씬 더디었을 것이다.

그러나 지난날 경제 성장을 가능케 했던 협력 체제는 권위주의에 의한 억압적인 성격이었으며, 경제 성장을 이끌었던 억압적 · 권위주의적 체제는 붕괴하는 중이다. 절대적 빈곤에서 벗어난 국민들은 더 이상 밥벌이 때문에 자신의 권리와 자유를 쉽사리 포기하지 않고 다양한 가치를 추구하기 시작했다. 또한 급속한 산업화 과정에서 자기이익의 보호와 추구가 스스로의 손에 달려 있다는 정치적 자의식을 형성해왔다. 이같은 변화는 물론 성장제일주의로부터 누적된 불평등 및 여러 모순들에 의해 촉진된 것이다. 나누어 먹을 파이를 우선 키워야 한다는 전제로 진행된 부의 불공평한 분배의 심화, 경제력의 집중에 대한 의문과 반발은 거세지고 있다. 지속적 성장을 위해서는 노동자, 농민 등 지금까지의 성장 과정에서 고난을 감수하고 불이익을 받아온 계층들의 자발적 협력과 적극적 참여가 여전히 필수불가결하다. 그런데 이러한 사회구성원의 협력과 참여는 사회구성원 각자가 사회에 기여한 만큼 적정하게 보상받고 있다는 신뢰의 회복 없이는 불가능한 시점에 다다른 것이다.

이런 상황에서 동반성장은 저성장의 늪에서 허우적거리는 우리 경제에 새로운 성장동력을 불어넣을 수 있다. 마이클 포터 하버드대 교수는 「하버드 비즈니스 리뷰」에 게재한 '공유가치 창출'에서 다음과 같이 말했다. "이제는 기업의 사회적 책임, 즉 CSR(corporate social responsibility)이 아니라 공유가치 창출, 즉 CSV(creating shared value)다."

여기서 공유가치 창출은 동반성장과 궤를 같이한다. 그는 기업의 이익과 사회적 이익이 상호 배치되는 상황에서 양자를 두고 갈등하던 시대는 끝났다고 했다. 기술 발달과 새로운 혁신을 통해 기업이 이익을 추구하면서 동시에 사회적 공유가치를 창조하는 선순환이 가능하다는 것이다. 실제로 이러한 사례가 많이 생겨나고 있다.

예를 들어 세계적인 식품회사 네슬레는 '네스프레소'라는 프리미엄 커피 사업을 추진하기 위해 양질의 원료를 안정적으로 공급받아야 했다. 하지만 아프리카와 남미 지역의 영세 농가들은 생산성이 낮아서 품질이 좋은 원료를 안정적으로 공급받기 어려웠다. 이러한 문제를 해결하기 위해 네슬레는 커피 농가들이 더 높은 생산성을 갖출 수 있도록 적극적인 지원정책을 펼쳤다. 생산농가에 대한 금융지원, 안정적인 구매계약은 물론이고, 그 지역에 필요한 설비 · 기술 · 유통 등 여러 요소를 함께 개선해나갔다. 이 과정에서 NGO들이 교육과 품질인증에 같이 참여하기도 했다.

포터 교수는 이러한 공유가치 창출을 통해 기업들이 단기적 이윤을 추구하는 근시안적인 방식에서 벗어나 장기적 마인드를 갖게 되고, 사회가 필요로 하는 요소들을 충족시킴으로써 시장의 성장, 효율 증대, 새로운 기회 창출이라는 효과를 얻을 수 있다고 했다. 이러한 점에서 동반성장은 우리 사회에 새로운 기회를 창출하고 시장의 크기를 키움으로써 한국 경제의 성장에 활기를 불어넣을 것으로 기대된다.

동반성장은 저성장과 양극화로 고생하고 있는 대한민국 시장경제의 치료약이다. 헌법에서 제시하는 이념적 목표인 경제민주화는 동반성장을 통해 이룰 수 있으며, 경제가 민주화될수록 동반성장의 속도도 빨라져, 한국 경제는 선순환을 통한 새로운 성장동력을 얻을 것이다.

4.2 동반성장에 대한 오해

동반성장에 대한 반론은 언제나 환영

동반성장에 대해서는 얼마든지 반론이 나올 수 있다. 오히려 반론이 나오는 것이 더 바람직하다. 이 세상에 완벽한 경제이론이나 경제정책이란 존재하지 않기 때문이다. 그러므로 자신의 주장을 변호하고 밀어붙이기보다는, 반론을 통해 결점을 보완할 수 있도록 열린 자세를 가질 필요가 있다.

경제사상사를 살펴보면, 한때 케인스의 이론과 정책이 진리처럼 받아들여지던 시대가 있었다. 그런가 하면 하이에크, 미제스, 프리드먼 등의 자유방임적 사상이 모든 경제가 본받아야 할 모범으로 전 세계를 풍미하던 시대도 있었다. 이처럼 정책과 사상은 당대 현실이 처한 상황에 따라 달라진다. 한 가지 분명한 사실은 언제 어디서나 진리처럼 항상 적용될 수 있는 경제이론과 경제정책은 없다는 점이다. 한 시대나 나라에서 크게 성공했던 제도나 정책이 시대가 달라지고 나라가 달라지면 전혀 효과를 내지 못하는 경우가 허다하다. 그러므로 한 시점에서 한 나라의 경제정책을 논하는 사람들은 일단 자기의 생각이 옳지 않을 수 있다는 겸허한 자세를 가져야 한다. 겸허한 자세로 현실을 객관적으로 보고, 그에 맞는 가장 합리적인 처방을 내놓을 수 있느냐 하는 것만이 중요할 뿐이다.

그런 의미에서 동반성장에 대한 반론은 언제나 환영이다. 한국경제를 보는 시각이 다르다면 동반성장이 우리 경제에 대한 적절한 처방이 아니라고 얼마든지 주장할 수 있기 때문이다. 그러한 반론을 통해 동반성장의 내용을 보다 현실에 적합하게 다듬을 기회도 얻을 수 있다. 케인스 자신도 "사실이 달라지면 저는 생각을 바꿉니다. 선생은 어떻게 하시나요?"라고 말한 바 있다.

세상이 달라져 자신이 알고 있던 지식이 더는 성립하지 않는 것으로 밝혀져도 생각을 바꾸지 않는다면, 그것은 어리석은 고집일 뿐이다. 그런 고집은 '도그마(dogma, 독단적인 신념이나 학설)'다. 도그마는 누구에게도 도움이 되지 못한다. 세상의 흐름을 알지 못한 채, 한쪽 구석에 끼리끼리 모여 자기주장만 똑같이 되풀이한다면, 세월만 흐를 뿐 결국 아무에게도 도움이 안 된다.

동반성장이 반자본주의적이라는 이념적 공격은 곤란

동반성장에 대한 건설적인 반론이야 적극적으로 환영하지만, 그동안 친재벌 성향의 학자, 언론인, 정치인, 관료 들이 행한 이념적 측면에서의 반론은 유감이다. 그것이 의미 있는 반론이라기보다는 특정 이념의 색깔을 들씌워 반사이익을 보려는 공격이라는 인상이 강했기 때문이다. 그리고 동반성장은 애초부터 좌우나 보수 대 진보라는 이념적 프레임 안에 있는 개념이 아니라, 우리 경제의 구조적인 문제에 대한 실사구시적 대안이었기에, 그동안 제기된 이념에만 치우친 반론은 매우 아쉽다.

동반성장이 사회주의적이라며 이념의 잣대를 들이대 반대하는 것은 동반성장이 무엇인지 잘 살펴보지 않은 채, 그저 반대를 위한 반대를 하는 격이다. 또한 이와 유사하게 동반성장이 반자본주의적이라고 비난하는 것도 자기 스스로 자본주의가 무엇인지 잘 모른다는 사실을 고백하는 것밖에 안 된다. 사실 자본주의가 무엇인지 잘 모른다고 그들을 탓할 일은 아니다. 자본주의를 모르는 것은 그들의 잘못만은 아니기 때문이다. 그들이 자본주의에 대해 잘 모르는 이유는 자본주의가 무엇인지 제대로 가르쳐주는 사람이 없었기 때문이다. 가르쳐주는 사람이 없는데 자본주의 철학을 태어나면서부터 아는 사람은 없지 않겠는가.

동반성장 반대론 해부

동반성장에 대한 반대론을 자세히 살펴보자. 동반성장에 반대하는 사람들은 어떤 이유로 반대하는 것일까?

"동반성장은 앞서 가는 사람들에게 '같이 가자(Let's go together)'고 말한다. 동반성장에 반대하는 사람들은 '같이 가자'는 말 속에, 앞서 가고 있는 사람들을 뒤로 끌어내리려는 불순한 의도가 숨어 있다고 의심한다. 앞서 가는 사람들을 끌어내리려 한다면 그것이 곧 반자본주의적 사상이 아니고 무엇이겠는가? 앞서 가는 사람이 있는가 하면 뒤처지는 사람도 있는 게 당연하지, 왜 앞서가는 사람에게 같이 가자고 하는가? 구성원들 사이의 능력의 차이를 왜 인정하지 않는가? 그런 능력의 차이는 신이 만들어놓은 타고난 것인데, 도대체 당신이 뭐기에 신이 만든 인간의 능력 차이를 부정하는가? 그런 사상이 곧 사회주의 사상, 공산주의 사상이 아니고 무엇인가?"

동반성장에 대해 격렬하게 반대하던 인사들의 머릿속에서는 대략 이런 식의 생각이 전개되었을 것으로 짐작된다. 그들에게는 자신들의 관행과 행동이 자본주의 정신에 어긋난다는 생각은 상상조차 할 수 없는 일일 것이다. 그들은 자신이 누구보다도 가장 철저하게 자본주의 정신에 따라 생각하고 행동하는 존재라고 철석같이 믿고 있는 사람들이다. 자신을 자본주의 정신의 화신이라고 생각할지도 모른다. 그런 사람들에게 비판을 들이댔으니, 그들 입장에서는 동반 성장을 반자본주의적 사상이라고밖에는 결론을 내릴 수 없었을 것이다.

동반성장을 반자본주의적이라고 비판하는 이유는 무엇일까

이와 같은 사고의 흐름이 가능한 이유는, 다시 말해 동반성장을 반자본주의적 사상이라고 생각하게 되는 이유는, 우리나라 재벌 대기업들이나 그들을 옹호하는 사람들이 자본주의 정신을 경제원론 수준 정도로 이해하고 있기 때문이다. 그들은 소비자와 기업 등 경제 주체들이 각자 자신의 효용이나 이윤을 극대화하면 '보이지 않는 손'에 의해 사회 전체의 후생도 저절로 극대화된다는 정도로만 알고 있다. 더구나 그 이론이 근대경제학의 아버지 애덤 스미스가 쓴 영원한 고전 『국부론』에 정의되어 있기 때문에, 더욱 자신의 믿음이 틀릴 리 없다고 자신한다.

그들은 인간이 경제활동을 영위할 때 가장 중요한 것은 오직 이기심뿐이며, 그 이기심을 최대한 충족시키는 것이 가장 효과적인 경제 발전의 지름길이라고 생각한다. "다른 사람들이야 '보이지 않는 손'이 잘 알아서 처리해줄 테니 그들에 대한 배려는 내가 신경 쓸 필요가 전혀 없다. 다른 사람 걱정을 해야 한다는 주장은 경제학을 잘 모르고 하는 얘기다. 경제원론에도 그렇게 나와 있지 않나? 각자가 이익과 효용을 극대화하면 사회적 후생은 저절로 극대화된다고. 남 걱정할 필요 없이 내 이익을 최대로 추구하면 된다. 남 생각보다는 내가 챙길 수 있는 최대한의 이익을 추구하는 것이 오히려 남을 위하는 지름길이요, 우리 사회 전체의 후생을 극대화하는 가장 효율적인 길이다. 그것이 바로 내가 사는 사회에 이바지하는 방식이다. 나는 애덤 스미스를 알기도 전에 그렇게 살아왔다. 그런 나를 탐욕적이라고 깎아내리는 사람들은 '보이지 않는 손'의 마법을 알지 못하는 사람들이다."

동반성장에 대해 알레르기 반응을 일으키며 격렬히 반대했던 사람들은 대략 이러한 생각을 하지 않았을까 추측된다. 이런 생각을 하는 사람이 동반성장에 대해 반대하고 나서는 건 너무나 자연스럽고 당연한 일이다. 그러나 안타깝게도 그런 사람은 자본주의가 무엇인지 제대로 배우지 못한 사람이다.

재벌 회장들의 자본주의 몰이해를 그들만의 탓으로 돌릴 수는 없다

애덤 스미스의 사상을 "각자의 이익을 극대화하면 그걸로 충분하다"라는 식으로 이해한다면 자본주의를 너무 편협하게 해석하는 것이다. 자본주의 사상은 그렇게 간단하지 않다. 왜냐하면 인간의 마음과 행동 자체가 그렇게 간단한 게 아닐뿐더러, 인간이 모여 구성하는 사회는 더욱 간단한 원리 하나만으로 설명할 수 있는 게 아니기 때문이다. "자신의 이익을 극대화하면 만사 OK다. 다른 것은 걱정할 필요가 없다"고 믿는다면 경제학을 잘못 배운 것이고, 자본주의를 잘못 이해한 것이다.

그렇다고 자본주의에 대한 이해가 부족한 재벌 회장들만 탓할 수는 없다. 경제학을 잘못 가르친 책임이 크다. 경제학을 잘못 가르쳤으니 잘못 배울 수밖에 없지 않았겠는가? '보이지 않는 손'의 정체가 무엇인지, 그 손이 누구의 손인지 가르쳐본 적이 있었나? 경제의 운용원리에 작용하는 인간의 마음에 이기심 이외의 다른 마음도 있을 수 있다고 가르쳐본 적이 있었나? 자본주의가 타락하고, 사람들이 자본주의가 타락했다는 사실조차도 모르는 데에는 건강한 자본주의를 가르치지 않은 경제학 교수들의 책임이 가장 무겁다고 생각한다. 더욱 큰 문제는 경제학 교수들의 대다수가 건강한 자본주의가 무엇인지 제대로 알지 못한다는 데에 있다.

사정이 이런데 학생들이나 일반 시민들이 어떻게 자본주의를 올바로 인식할 수 있겠는가? 강단에서 배울 수 없는 것을, 교과서에서 읽어보지 못한 것을, 지식인, 학자, 언론이 제대로 알려주지 않는 것을 재벌 회장이 무슨 수로 깨달을 수 있겠는가?

경제학 교수와 지식인이 반성해야 할 문제

경제학 교수들도 잘 읽지 않는 애덤 스미스의 『국부론』과 『도덕감정론』을 바쁜 재벌 회장들이 읽지 않았다고 그 누가 탓할 수 있겠는가? 주변 교수나 지식인이 한결같이 자유방임적 자유주의가 기업은 물론 개인과 국가를 위해 최선이라고 말하고, 공산주의가 무너지고 자본주의가 승리한 근본 원인이 바로 여기에 있다고 증명해 보이는데, 무엇보다 그러한 자유방임주의가 기업의 수익을 극대화할 수 있는 가장 적합한 제도로 보이는데, 무슨 이유로 재벌 회장들이 다른 생각을 하겠는가?

그러므로 이 문제는 재벌 회장을 탓할 문제가 아니라고 생각한다. 그 누군들 그 처지에 놓이면 동반성장을 백안시할 수밖에 없을 것이다. 재벌 회장들은 학자가 아니다. 어디까지나 기업인이다. 매일매일 전 세계 시장을 놓고 치열한 경쟁을 해야 하고, 새로운 아이디어와 과감한 도전으로 새로운 판로를 개척해야 한다. 끊임없는 혁신을 통해 돈을 벌어들이고 부가가치를 창출하며 고용을 늘리는 일만으로도 하루 24시간이 부족한 사람들이다.

물론 그들 자신이 지식인이자 오피니언 리더로서 자기가 활동하고 있는 자본주의 경제체제의 기본철학을 잘 알고 있다면 더 말할 나위 없이 좋을 것이다. 만약 그랬다면 아마 우리 사회에서 동반성장이라는 화두가 제기될 필요도 없었을 것이다. 그러나 재벌 회장들은 어디까지나 혁신가이지 경제학자나 철학자가 아니다. 자본주의 경제의 철학은 잘 모르더라도 자본주의 경제에서 자기 사업을 지금처럼 성공시키고 있다는 사실만으로도 충분히 인정받고 칭찬 받을 이유가 있는 사람들이다.

한국의 재벌이 탐욕과 반칙에 물들어 있는 현실은 분명 잘못된 것이다. 따라서 이를 바로잡아야 한다. 이를 바로잡는 것은 정확히 자본주의적 대응이다. 그러므로 이런 교정을 반자본주의적이라고 비판하는 재벌 회장들의 반론은 분명 잘못된 것이다. 다만 이런 잘못된 반론을 재벌 회장들의 과문한 식견 탓으로만 돌리는 것은 정당하지 않다. 재벌 회장들의 식견이 모자라다고 탓하기에 앞서, 자유방임적 자본주의가 최선이라고 주장해온 교수들과 그들을 포함한 우리 사회의 지식인들이 자본주의에 대한 충분한 공부나 사색이 없었음을 가장 먼저 반성해야 한다. 자본주의의 참모습을 학생들에게, 비전문가들에게, 일반인들에게 충분히 가르치고 전달하지 못했음을 겸허히 반성해야 할 필요가 있다.

4.3 동반성장을 위한 정부와 재벌 대기업의 역할

역대 정부는 재벌들에게 투자와 고용을 늘려달라는 요청을 거듭했다. 하지만 그러한 요청이 실제로 받아들여진 적은 별로 없다. 재벌 대기업들에게 투자와 고용을 확대하라고 각종 인센티브를 주는 것이 과거 경제 활성화 대책의 주요 골자였다. 그러한 노력에도 2000년대에 들어 지금까지 기업의 투자가 활발해지기는커녕 기업 저축률만 지속적으로 높아졌다.

이제는 경제 활성화를 위한 전략에서 방향 전환이 필요한 시점이 되었다. 일부 재벌 대기업은 눈부시게 성장했지만, 많은 다른 기업, 특히 중소기업들은 말 그대로 피폐해졌다. 그뿐만 아니라 가계부채의 누적으로 인한 위험은 매년 커져가고 있다. "미쳤다(insanity)는 말의 정의는 똑같은 일을 자꾸 되풀이하면서도 다른 결과가 나오기를 기대하는 것이다"는 격언이 있다. 오랜 세월 동안 실험해보았다면 이제는 결론을 내릴 때도 되었다. 십수 년이 지나도록 기대했던 성과가 나지 않는다면 기대를 접는 것이 현명하다.

동반성장이 대안이다

우리 경제가 추격의 단계에서 선도의 단계로 넘어가면서 성장의 여지가 많이 축소된 것은 사실이다. 이를 무시하고 무리하게 경제 성장률을 높이려 하는 것은 바람직하지 않다. 그런 유혹은 단호하게 떨쳐버려야 한다. 그러나 성장의 여지가 축소되었다 하더라도 우리 경제에는 아직 성장의 여지가 남아 있다.

그렇다면 어떤 방안이 있을까? 바로 대기업과 중소기업 간 동반성장이다. 대기업이 경제적 영향력을 이용하여 중소기업의 몫을 부당하게 가져가던 수십 년 묵은 관행을 청산하고, 중소기업의 사업영역을 보호하여 자생력을 키워주는 것이다. 그리고 대기업이 목표 이상의 높은 이익을 올리면, 그것의 일부를 협력업체에 돌려 기술개발과 고용 안정을 꾀하도록 한다. 나아가 우리나라 중소기업들이 해외로 진출하여 세계적인 강자가 될 수 있도록, 글로벌 기업으로 성장한 자신의 경험을 토대로 중소기업의 멘토가 되어주는 것이다.

중소기업의 몫은 중소기업에게 돌리고 법률과 게임의 규칙을 지켜라

중소기업의 몫과 성장 기회를 부당하게 빼앗지 말고 중소기업의 몫은 중소기업에게 돌아가도록 해야 한다. 기술 탈취, 골목상권 침해, 납품단가 후려치기 등을 더는 하지 않는 것이 여기에 해당한다. 이것에 반대할 명분은 무엇 하나 없을 것이다. 이런 제안들은 법률과 공정한 게임의 규칙을 지키자는 것일 뿐이다.

이런 정도의 제안을 놓고, 그것이 경제적 자유를 침해하고 자본주의 시장경제에 어긋나는 일이라고 비난하는 사람들이 있다. 정말 그렇게 생각한다면, 그들은 경제적 자유와 자본주의, 그리고 시장경제를 아전인수식으로 곡해하는 것이다. 건강한 자본주의 경제에서 기업들이 누려야 하는 자유는 애덤 스미스가 강조했듯이 법률과 게임의 규칙을 전제로 한다. 사회가 합의한 법률은 물론 건강한 자본주의를 위해 지켜야 하는 규칙을 지켜가며 경쟁을 하라는 것이다. 이런 전제조건만 충족된다면, 기업의 자유는 최대한 보장되어야 한다는 의미다.

지난 수십 년 동안 재벌 대기업들이 우리 사회에 물의를 일으켜 왔던 행태는 변함이 없었다. 과거 개발독재 시대의 정경유착은 논외로 치더라도, 세기가 바뀌어 2000년대가 되어서도 불법행위는 여전하다. 일감 몰아주기와 같은 편법 증여나 편법 상속, 탈세, 횡령 등 명백한 범법행위는 이제 하지 말아야 한다. 재벌 대기업이 차지하고 있는 경제적 지위에 걸맞게 국민의 존경과 사랑을 받으려면 먼저 이러한 불법과 편법부터 근절해야 한다. 아울러 중소기업들에게 경제적 힘을 부당하게 휘두르는 일도 없어야 한다. 재벌 대기업들이 이런 법률과 게임의 규칙에 어긋나는 일만 하지 않아도 우리 경제의 분위기는 몰라보게 달라질 것이다. 대기업들이 경제활동의 자유를 주장하기에 앞서 법률과 게임의 규칙을 지킴으로써 중소기업의 경제적 자유를 침해하지 말아야 한다.

대기업이 법률과 게임의 규칙을 어기는 경우는 대부분 세금을 탈세하거나 중소기업으로 돌아가야 할 몫을 가져가는 등 돈과 관련된 것들이다. 그러므로 그들이 자본주의의 기본으로 돌아가 우리 사회의 법률과 게임의 규칙을 제대로만 지킨다면, 부당한 방법으로 가져가던 세금이 국고로 돌아오고 중소기업의 몫은 중소기업에게로 돌아가게 된다. 그 규모가 얼마가 될지는 정확히 알 수 없지만, 그러한 변화가 우리 경제에 미치는 영향은 매우 클 것으로 본다.

이것은 결코 무리한 요구가 아니다. 경제의 규칙과 법률을 지키며 자유롭게 자기 이익을 추구하라는 이야기다. 재벌 대기업들이 자기들의 필요에 따라 편리한 방패막이로 이용하던 바로 그 애덤 스미스의 가르침이기도 하다.

오늘날 우리 경제는 앞만 보고 달려가기보다는 옆의 사람들은 물론 뒤처진 사람들도 살피며 함께 가야 하는 단계에 와 있다. 다른 사람이야 어찌 되든 나만 빨리 가던 시대는 이미 지났다. 적어도 내가 규칙을 잘 지키고 있는지 정도는 의식해가며 경제활동을 영위해야 지속가능한 성장이 가능하다. 나의 과욕으로 인해 다른 사람들에게 반칙을 범하고 있지는 않은지, 심판의 호루라기에 앞서 본인 스스로 살펴보아야 한다.

중소기업 적합업종 선정이 필요한 이유

중소기업 적합업종 선정에 대해 재벌 대기업들의 불만이 수그러들지 않고 있다. 자율 협약이라는 명분으로 제도 자체를 무력화하려는 시도도 나타나고 있다. 중소기업 적합업종 지정은 대기업들의 문어발식 사업 확대를 제한하고, 중소기업의 자생력을 키워주자는 취지로 도입되었다. 한시적으로나마 대기업의 무차별적인 골목상권 침해, 문어발식 확장을 막아 경제 전체의 활력을 다시 되찾고자 하는 제도다.

여기에 대해 재벌 대기업들은 공개적으로 직접적인 반대는 하지 못하고 있다. 그 대신 "중소기업 적합업종을 선정하면 그 과실은 중소기업에 돌아가기보다는 외국 기업에 좋은 일만 시키고 말 것이다"라며 우회적으로 불편한 심기를 드러내고 있다. 이것은 대부분 과장, 왜곡된 것이다. 또한 재벌 대기업은 자신의 성장 과정을 뒤돌아보아야 한다. 우리나라 재벌 대기업들이 처음부터 혼자만의 힘으로 격렬한 경쟁을 이겨내며 성장하였던가? 정부의 특혜와 국민의 희생이 없었다면 지금의 성공이 가능했을까? 시장의 논리를 원칙대로 적용했다면 많은 대기업들은 이미 퇴출당해야 했다.

그런 특혜와 희생을 생각한다면 중소기업들의 영역을 보호해주자는 주장에 대해 반대하고 나설 일이 아니다. 물론 대기업이 지금의 위치에 오르기까지 많은 노력을 펼쳤다. 하지만 그 이면에 중소기업의 어려움이 누적되어 있다면 당연히 바로잡아야 할 문제다. 경쟁하지 말자는 게 아니다. 현실적으로 재벌 대기업과 중소기업은 서로 경쟁 상대가 될 수 없다. 재벌 대기업과 체급이 맞는 경쟁 상대는 국내의 중소기업이 아니라 해외의 글로벌 기업이다.

중소기업 적합업종 법제화는 대기업이 문어발식 확장을 못하도록 하기 위해서도 꼭 필요하다. 현재 한국의 대기업은 온실 속 화초다. 산업화 과정에서 국가와 국민은 '선택과 집중' 전략으로 대기업에 수많은 법적, 제도적 혜택을 주고 자원을 집중시켰다. 그것은 경제 성장을 선도하면서 세계 시장에 나가 경쟁하라는 취지였다. 그러나 창업주에서 2세, 3세로 경영권이 이전되면서, 대기업 총수들은 창업주의 기업가 정신을 제대로 물려받지 못했다. 오직 경영권만 물려받았을 뿐이다. 그 결과 한국의 재벌 총수 일가는 끊임없이 골목상권을 침해하며 경제생태계를 교란하고 있다. 여기에 대기업은 기업하기 좋은 한국 시장에 안주하면서 세계 시장에서의 경쟁력을 상실하고 있다. 역설적으로 기업하기 좋은 정책이 대기업 위주의 정책으로 진행되면서 대기업이 세계 시장으로 진출할 이유를 사라지게 만든 셈이다. 따라서 중소기업 적합업종 법제화를 통해 대기업이 세계 시장으로 나가도록 유도하고, 동시에 중소기업이 경쟁력을 확보할 수 있는 토대를 만들어야 한다.

초과이익 공유제에 대해 반감을 가질 필요는 없다

초과이익 공유제는 이익 규모가 애초 목표보다 높게 나오면, 그 일정 부분을 협력기업과 나누기를 권고하는 것이다. 대기업의 성과에는 자신의 노력과 함께 협력기업의 기여분도 포함되어 있기 때문이다. 이 부분을 잘 계산하여 마치 직장 내에서 임직원들에게 '이익 공유(profit sharing)' 차원에서 성과급을 지급하듯이 협력기업의 성장 기반을 위해 초과이익의 일정 비율을 나누는 것이다.

초과이익 공유제를 쉽게 받아들이지 못하는 것은 대기업들이 협력 중소기업들과의 관계를 협력이 아닌 비용 절감의 대상으로만 생각하고 있기 때문이다. 그러나 재화와 서비스를 주고받는 관계라 하여 대기업과 협력 중소기업의 관계를 일반적인 판매자와 구매자 관계로 보는 것은 잘못된 시각이다. 대기업과 협력 중소기업은 판매자와 구매자 관계가 아니라, 소비자를 상대하는 하나의 큰 공동주체인 것이다. 즉 '협력 중소기업 vs. 대기업 vs. 소비자'의 관계가 아닌

'(협력 중소기업+대기업) vs. 소비자'의 관계인 것이다.

예를 들어 동종의 TV를 판매하는 삼성과 LG에게 서로 초과이익을 공유하라고 한다면, 이는 시장경제 논리에 반하는 것으로 볼 수 있다. 그러나 대기업과 중소기업의 관계는 이러한 경쟁의 관계가 아니다. 대기업이 만드는 TV의 부품을 납품하는 업체는 그 대기업과 경쟁하는 업체가 아니며, 협력 중소기업들은 실질적으로 대기업의 수족이 되어 한 부서의 역할을 해내고 있는 셈이다. 적어도 그 제품을 만들어내는 과정에서 협력자로 대기업과 함께 일하는 것이다.

대기업에서 초과이익이 발생했을 때 이를 임직원들에게 성과급으로 지급하는 것은 반시장적이기는커녕 당연한 일로 여겨진다. 그렇다면 대기업과 함께 협력하여 성과를 이룬 중소기업에게 그 기여도에 따라 이익을 공유하고 배분하는 것 또한 반시장적 행위라고 볼 수 없다. 오히려 초과이익 공유제는 경제 주체 간의 공정한 이윤 분배를 가능하게 해줌으로써 시장경제의 병폐를 치료하는 데 큰 도움이 될 것이다.

어떤 이들은 자본주의 사회에서 대기업이 돈을 벌었다고 왜 중소기업에게 시혜를 베풀어야 하냐고 반문한다. 그것은 시혜가 아니다. 왜냐하면 많은 경우 대기업의 이익은 중소기업에 대한 각종 불공정거래 행위, 예를 들자면 납품가 후려치기나 기술 탈취 등에 기인하기도 하기 때문이다. 시혜라기보다는 불공정거래 행위에 대한 보상이라고 볼 수 있다.

누군가의 양보, 도움 또는 희생으로 거둔 이익이니만큼 애초의 목표보다 더 많은 이익이 발생하면 보상해주는 것은 상식이다. 게다가 꼭 현금으로 주라는 것이 아니라 투자를 도와주는 방식도 좋다. 일정한 형태의 펀드를 만들어 기술 투자, 임직원 교육, 고용 안정 등 다양한 방식으로 운영할 수 있다. 협력업체가 투자를 통하여 실력을 쌓으면 쌓을수록, 품질 경쟁력이 높아져 원청 기업인 대기업의 혁신 역량도 강화될 수 있다.

이처럼 대기업이 협력기업에 성과를 나눠주는 것은 윈-윈 효과를 기대할 수 있다. 협력업체가 탄탄한 실력을 갖추지 못하면, 결국 손해를 보는 쪽은 대기업 자신이다. 미국에 진출한 도요타 자동차가 2008년에 브레이크 문제로 사상 최대의 리콜을 시행한 적이 있다. 이로 인해 도요타는 브랜드 이미지가 크게 실추되었고 매출 역시 큰 폭으로 감소했다. 당시 사건은 부품을 납품한 협력업체의 조그만 실수 때문이었다.

초과이익 공유제는 '제(制)'라는 글자의 어감 때문인지 뭔가 강제조항 같은 느낌이 있다. 하지만 실제 내용은 강제적인 요소가 하나도 없다. 강제로 시켜서 하는 시대는 이미 지났다. 모두가 알다시피 초과이익 공유를 강제할 힘도 없다. 어디까지나 권고를 하고 있을 뿐이다.

미식축구리그의 수익 공유 모델

미국의 프로스포츠인 미식축구리그(NFL, National Football League)는 동반성장의 가치가 수익 공유를 통해 어떻게 실현되는지 잘 보여주는 대표적 사례다.

프로스포츠는 자본주의의 꽃으로 불린다. 자본과 마케팅을 결합하여 스포츠 시장을 천문학적 규모로 확장하며 큰 인기를 구가하고 있다. 1900년대 이전부터 프로스포츠를 발전시켜온 미국은 전 세계에서 프로스포츠가 가장 발달한 나라다. 오늘날 미국 4대 프로스포츠인 NFL(미식축구), MLB(야구), NBA(농구), NHL(아이스하키)은 미국 국민뿐만 아니라 전 세계인의 사랑을 받고 있다. 그 가운데서도 왕중왕 자리에 군림하고 있는 최고의 스포츠를 꼽자면 바로 NFL이다. 미식축구리그는 세계 프로스포츠 시장에서 리그 및 구단 가치 부동의 1위를 지키고 있다. NFL의 연간 중계권료는 5조 3,700억 원으로 세계 스포츠 중계권료 2위인 영국축구리그(EPL, English Premier League)의 2조 8,600억 원의 거의 2배에 달한다. 그뿐만 아니라 「포브스」 발표에 따르면 전 세계 프로스포츠 구단 가치 TOP 11에 NFL 소속 구단이 6개나 속하고, 32개의 NFL 구단 모두가 세계에서 가장 부유한 50개 스포츠 구단에 올라 있다. 그 가운데 전체 1위가 NFL의 댈러스 카우보이스다. 한마디로 NFL은 세계에서 최고로 부자일 뿐만 아니라, 모든 구단이 함께 세계에서 가장 부유한

리그를 구성하고 있다.

NFL이 처음부터 이렇게 성공했던 건 아니다. 1922년 창립 후 1960년대 초까지 구단 가치는 100만 달러에 불과했고, 몇몇 구단을 제외하고는 제대로 된 중계마저 없던 볼품없는 리그였다. 1950년대까지 53개 팀이 생겼다가 사라지기를 반복했다. 존폐 위기에 몰린 팀이 매년 속출했다. NFL이 1970년 단일리그로 출범하기 전까지 미국에는 AFL(American Football League)과 NFL(National Football League) 두 개의 미식축구리그가 있었다. 두 리그는 우수선수 영입을 위해 지속적으로 경쟁했고, 이는 'AFL-NFL bidding war'로 불릴 만큼 그 정도가 극에 달했다. 이러한 무한경쟁은 구단들의 재정 상황을 크게 악화시켰다. 결국 AFL과 NFL이 협의를 통해 단일리그로 통합했다. 그리고 동반성장을 위한 여러 제도를 도입하기 시작했다. 그 핵심이 수익 공유 시스템을 갖추는 것이었다.

NFL은 사무국을 중심으로 먼저 구단 전력에 가장 크게 영향을 미치는 구단별 수익 불균형을 최소화하는 데 나섰다. 연고지 시장 규모와 경제 규모에 따른 구단 수익의 차이로 생겨난 구단 간 빈부격차를 완화하기 위해 TV중계권 계약을 리그에서 통합적으로 관리하고, 경기장 입장수익을 재분배하는 제도를 도입했다. TV중계권 수익금 전액과 구단별 경기장 입장권 수입의 40%를 거둬들여, 32개 구단에 동일하게 나눠준 것이다. 여기에 상품화(merchandising)

와 특허사용(licensing) 계약 또한 리그 차원에서 관리하여 전 구단에 균등하게 분배토록 했다. 현재 NFL 구단 대부분이 유한회사(private company)로 운영되고 있어 각 구단의 수익 구조를 정확히 분석하기는 쉽진 않지만, 주식회사로 운영되는 그린베이 패커스라는 구단을 기준으로 어느 정도 예측할 수는 있다. 그린베이 패커스 구단의 가치와 총수익이 NFL 구단 가운데 중상위권에 위치하기 때문이다. 이를 토대로 분석해보면 2013년 시즌 NFL 구단의 총수익 중 평균 리그분배수익 비율은 약 62%에 달한다. 2013년 시즌 당시 리그가 각 구단에 분배한 수익은 1억 7,990만 달러였다. 리그 1위 구단인 댈러스 카우보이스는 2013년 총수익이 5억 6,000만 달러였으므로, 리그분배수익이 차지하는 비중은 약 32%, 최하위인 오클랜드 레이더스는 총수익 2억 4,400만 달러 가운데 약 73%가 분배수익이었다. 그린베이 패커스 구단은 총수익 2억 9,900만 달러 가운데 리그분배수익이 약 60%였다. NFL은 이렇게 구단들의 '로컬수익(분배하지 않고 각 구단에 귀속되는 수익)' 차이로 인한 구단 간 수익 편차를 수익 공유를 통해 최소화하여, 리그 어느 구단도 경영난을 걱정할 필요가 없게 만들었다.

그 결과 NFL은 세계 최고의 프로스포츠로 자리 잡았다. 부자 구단과 가난한 구단의 구별 없이 32개 모든 구단의 전력이 상향 평준화되고, 매 경기마다 긴박감 넘치는 시합이 펼쳐지면서 리그, 구단,

선수 모두가 성공하는 선순환 구조를 만드는 데 성공한 것이다. NFL에도 댈러스 카우보이, 잉글랜드 패트리어트 등 명문 팀이 없진 않지만, 이들 팀이 전력에서 크게 우위를 보이지는 않는다. 로저 마틴 토론토 대학 교수는 그의 저서 『게임 바로잡기(Fixing the Game)』에서 "NFL은 주주 가치를 극대화하려는, 탐욕에 찌든 기업들이 배워야 할 대표적인 성공사례"라고 평가했다. NFL에서는 한 번도 결승전에 진출해본 적이 없는 팀들의 경기도 입장률이 90%를 넘는다. NBA처럼 3년 연속 우승한 팀이 없고, 2005년 이후 우승팀이 매년 바뀌고 있다. 이런 역동성이 게임당 평균 관중 3만 3,000명을 모으며, 1만 5,000명의 MLB를 압도하는 힘이다. 수익 공유로 모든 구단의 전력이 동반 상승하자 매 경기가 치열한 승부로 진행되었고, 그런 예측할 수 없는 역동성이 구름 관중을 불러 모으며 수익을 크게 증가시켜 모든 구단이 부자가 되는 선순환 구조를 만든 셈이다.

이러한 NFL의 수익 공유 모델은 미국의 여타 스포츠로 퍼지고 있다. 빅 마켓(big market) 구단과 스몰 마켓(small market) 구단 간 격차가 큰 MLB도 분배를 늘리는 추세다. 2003년 구단 간 재정 격차를 줄이기 위해 '통합 세일(collective bargain)' 제도를 도입하여, 각 구단의 수익 34%를 거둬 균등하게 배분하기 시작했다. 미국 정부도 NFL의 동반성장 모델을 벤치마킹해 연구하는 중이다. 모든 변화에는 양보와 혁신의 노력이 필요하다. 만약 누구도 양보하지 않았거나 스스로 혁신하려는 의지가 없었다면 NFL이 지금의 성공을 거두기 어려웠을 것이다. 그러나 NFL은 리그, 구단, 선수가 동반자 관계를 맺어 성장을 위해 서로 힘쓴 결과, NFL 32개 구단 모두가 세계 최고의 부자 구단이 되었을 뿐만 아니라 세계인의 사랑을 받는 스포츠로 성장할 수 있었다. 그 성공의 비밀은 수익 공유를 통한 동반 성장의 가치를 실천한 데 있다.

정부의 구매활동과 동반성장

정부 사업을 중소기업에게 직접 발주하는 제도도 대기업과 관련이 있다. 과거에는 정부 발주 사업 대부분을 대기업에 발주하고, 대기업은 다시 자사의 협력사로 등록된 중소기업에 하청을 주는 구조였다. 이런 구조는 일은 중소기업이 하고 이익은 대기업이 가져가는 결과를 낳는다. 중소기업이 자본, 인력, 기술을 축적할 수 없는 구조다. 따라서 정부가 조달청을 통해 재화나 서비스를 조달할 때 일정 비율 이상을 중소기업에 직접 발주하는 노력이 필요하다. 지금은 20억 원 미만의 발주는 조건들이 비슷하다면 중소기업에서 구매하도록 되어 있으나 그 규모를 지금보다 더 늘려야 한다.

대기업들이 중소기업의 멘토가 될 수는 없는가?

오늘날 우리 대기업이 이룩한 눈부신 성과는 박수 받아 마땅하다. 또 온갖 어려움을 극복하고 세계적인 기업으로 성장하는 과정에서 축적된 경험은 우리 경제의 큰 자산이기도 하다. 동반성장은 세계 시장에서 큰 성과를 내고 있는 우리 재벌 대기업이 마치 후배를 이끄는 선배처럼 중소기업의 멘토가 되어달라고 부탁한다. 중소기업이 중견기업으로, 중견기업이 대기업으로 계속 성장해야 경제가 활발해진다. 그러나 1997년 말 경제위기 이후 이러한 프로세스는 잘 작동하지 않고 있다.

중소 중견기업들이 대기업으로 계속 성장하지 못하는 데에는 여러 요인이 있을 것이다. 그중 대기업이 중소기업을 부당하게 억누름으로써 대기업으로의 성장을 가로막은 것도 하나의 요인이다. 이제 우리 재벌 대기업들이 세계적으로도 유수한 글로벌 기업으로 성장했으니만큼 자신의 성공 경험을 후배들에게 조언해 주는 멘토가 되어줄 필요가 있다. 더는 후배들에게 군림하려 하거나, 그들을 경쟁 상대로 보지 말고 이제는 성숙한 모습, 존경스런 모습을 보여주었으면 한다.

런던의 경험으로부터 배우자

18세기 중엽 산업혁명 당시 런던은 '혐오스런 도시'로 묘사되었다. 각종 공장에서 넘쳐나는 폐기물과 폐수, 하늘을 뒤덮은 스모그, 말들의 분뇨 등이 도시를 오염시켰다. 이때 사람들은 아무리 개개인이 생산의 효율을 올리고 이윤을 남기더라도 삶의 터전이 파괴되는 이상 그 어떤 산업의 발전도 의미 없음을 깨달았다.

지금까지 달려온 한국 경제는 산업혁명이 일어나던 당시의 런던을 닮았다는 생각이 든다. 우리는 선성장, 후분배 정책으로 성장을 최우선 목표로 두고 달려왔다. 그만큼 발전도 빨랐다. 그러나 경제의 규모가 커지면서 그동안 돌보지 못했던 경제생태계의 오염된 모습이 성장의 발목을 잡기 시작했다. 양극화가 심해지면서 경제 성장의 선순환은 연결고리가 끊겨버렸다. 급격한 산업화로 몸살을 앓던 런던이 멈추지 않고 계속해서 성장할 수 있었던 것은, 산업화로 규모가 커진 새로운 환경에 맞추어 인식의 전환을 이루어냈기 때문이다. 지금의 한국 경제는 이런 '인식의 전환(paradigm shift)'이 필요한 때다. 위태로워 보이는 한국 경제의 생태계를 다시 살리는 것은 또 다른 도약을 위한 발판을 마련하는 것이다. 동반성장을 통해 양극화를 해소하고 새로운 성장동력을 찾아야 할 때다. 동반성장을 통해 만들어진 밝은 희망이 우리 사회에 활력을 불어 넣고, 역동적인 경제의 열매를 모두가 나누는 날이 하루빨리 오기를 간절히 기원한다.

덧붙이는 글

나와 동반성장

나는 20년 전부터 중견 기업인 한 분을 알아왔다. 그는 경영 실적도 좋을 뿐만 아니라, 사회적 기여도 많이 하는 건실한 분이다. 그 기업인은 내가 재벌의 행태를 비판할 때마다 자기가 거래하는 대기업은 다르다고 옹호했다. 그러나 내가 총리로 일하던 2010년 봄에 이르러서는 생각이 달라졌다. 어느 날 찾아와서는 아예 이민을 가겠다고 했다. 이유를 물었더니, 자기가 거래하는 재벌 기업이 해도 너무하다는 것이었다. 그 대기업은 다르다더니 무엇이 문제냐고 다시 물으니 "납품가를 너무 후려쳐서 생존이 힘들 지경"이라고 하소연했다.

나는 총리실 담당 공무원에게 수출 대기업과 30년을 잘 거래해오던 기업인이 갑자기 한국을 뜨겠다고 얘기하니 실태를 파악해보라고 했다. 담당자들이 조사한 객관적 실태는 대략 다음과 같았다.

대기업은 협력 기업에 대해 여러 가지 형태의 불공정 거래를 한다. 근거가 분명한 서면 주문 대신 구두로 주문하고, 기술 탈취를 일삼으며, 납품 대금은 현금 대신 장기어음으로 결제할 뿐 아니라 매 4분기마다 가격을 깎는 '납품가 후려치기'를 예사로 한다. 1997년 IMF 경제위기 전에도 그랬지만, 그 이후에는 견딜 수 없을 정도로 심해졌다고 한다.

이유는 간단했다. 당시 IMF로부터 받은 550억 달러 구제금융을 빨리 갚으려면 수출을 늘려야 했다. 수출을 더 많이 하려면 물건이 좋아지거나 값이 더 싸야 하지만, 물건을 더 좋게 만드는 데에는 시간이 걸리고 원가가 올라갈 수밖에 없다. 단기간에 수출을 늘리기 위해서는 가격 경쟁을 해야만 했다.

가격 경쟁은 원가 절감에서 나온다. 그런데 원가 절감 대상이 마땅치 않다. 임금을 내리겠는가, 공공요금을 깎겠는가, 이자를 깎을 수 있는가. 그러니 만만한 협력업체 팔목을 비틀어 납품가를 깎는 수밖에 없었다. 종전 같으면 매스컴에서 문제 삼을 수도 있었겠지만, 외채 상환을 위해 수출을 늘려야한다는 논리 앞에서 아무도 이의를 제기하지 못했다. 악순환의 연속이었다.

그 결과가 바로 수출 대기업과 협력 중소기업의 양극화다. 대기업의 수익률이 중소기업의 3배를 넘는 경우도 허다했다. 대기업은 높은 수익을 투자에 쓰지 않고 수십조 원씩 사내에 유보하고 있고, 기업소득 증가율은 20% 가까운데, 가계소득 증가율은 5%를 훨씬 밑도는 수준으로 벌어졌다.

나는 당장 청와대로 달려가 "중견 기업인이 이민 가겠다고 하는 상황이니 다른 중소기업들은 오죽하겠느냐"며 이명박 대통령에게 특단의 조처를 건의했다. 애당초 내가 대통령의 총리 지명을 받아들인 이유 가운데 하나는 "정 총장도 서민 출신이라면서요? 나도 서민 출신입니다. 서민을 위해 같이 일합시다"라는 권유 때문이었다. 나는 "특단의 조처가 없으면 경제는 불균형 때문에 더욱 어려워지고 사회는 양극화로 파탄 지경에 빠질 수도 있다"고 역설했다. 그해 초가을, 청와대는 경제인들 모임에서 동반성장위원회를 설립하기로 결론을 내렸다. 그때는 이미 세종시 수정안이 국회에서 부결되어 나는 총리직을 자진해서 물러난 뒤였다.

청와대 회의 이후 늦가을에 청와대에서는 나에게 동반성장위원회 초대 위원장을 맡아달라고 요청했다. 처음에는 거절했다. 그러나 동반성장 필요성을 내가 발의하지 않았느냐며 재차 제의를 해오는 바람에 결국 받아들였다.

나는 처음부터 대기업을 다루는 위원회는 대통령 직속 기구가 되어야 의미 있는 일을 할 수 있다고 주장했다. 대통령 생각은 달랐다. 단기적으로는 대통령 또는 정부 직속 위원회가 더 효과적일지 모르지만, 장기적으로는 민간 위원회가 더 효율적이라는 것이었다.

이것이 동반성장위원회가 적어도 표면적으로는 민간 조직으로 설립된 경위다. 그러나 실제로는 예산의 대부분을 전경련이 '대중소기업 협력자금'으로 모아둔 것, 그리고 정부 기관 또는 전경련 이외의 다른 경제 단체들에서 거둔 것으로 충당하므로, 애당초 그들의 영향력으로부터 벗어나기 힘든 구조였다.

동반성장은 특혜와 독점으로 성장해온 한국 경제의 생태계를 근본적으로 바꿔야 하는 혁명적인 과업이다. 기득권 세력은 처음부터 강한 저항으로 응수했다. 2010년 12월 13일 동반성장위원회가 발족된 날, 최경환 지식경제부장관은 "위원장님 소신대로 밀어붙이십시오. 저희는 열심히 '백댄스'를 하겠습니다"라며 나를 격려해주었다. 든든했다.

그러나 그것도 잠시였다. 대기업에서 온 9명, 중소기업에서 온 9명, 공익위원 6명, 그리고 위원장으로 구성된 위원회가 첫 회의를 시작한 지 10분도 지나지 않아 재벌 기업에서 온 한 위원은 나에게 "위원회의 법적 근거가 있는 것이냐"고 물었다. 엄밀히 따지자면 법적 근거가 없었다. 법적 근거가 있으려면 대한민국 법전 어딘가에 '동반성장위원회'란 용어가 적혀 있어야 한다. A의 질문이 타당성이 없는 것은 아니었지만, 내 귀에는 동반성장에 대한 강한 거부반응으로 들렸다.

나는 그 후 국회 지식경제위원회 위원들, 특히 김영환, 강창일, 김성태 의원 등을 설득하여 상생협력법에 '동반성장지수는 공정거래위원회와 동반성장위원회가 공동으로 작성한다'는 문구를 삽입함으로써 위원회의 법적 근거를 마련했다.

동반성장위원회에 대한 재벌 측의 불만은 거기서 그치지 않았다. 아니, 그것은 재계를 넘어 각계에서 나를 공격하는 신호탄이었다. 내가 초과이익 공유제 도입 계획을 발표하자 어떤 재벌 총수는 "어릴 때부터 기업가 집안에서 자랐고 경제학 공부를 해왔으나, 이익 공유제라는 말은 들어보지도 못했다"면서 "사회주의 용어냐, 공산주의 용어냐, 자본주의 용어냐"고 격하게 비판했다.

낡디낡은 '색깔론'을 들고 나오다니 참으로 답답했다. 초과이익 공유는 이미 1920년대 미국 할리우드에서 시작된 관행이다. 제작자가 영화를 만들 때, 흥행 결과를 미리 알 수 없으니 배우와 감독, 배급처 등에 기본 보수를 낮게 책정하되, 흥행에 성공하면 초과이익을 공유하는 게 이익 공유의 기원이다. 그 뒤 롤스로이스, 크라이슬러, 캐리어 같은 굴지의 회사에서도 적용해온 비즈니스 관행이다.

재벌뿐만 아니라 정부 역시 비협조적이었다. 부정적인 반응은 먼저 청와대에서 나왔다. 2010년 연말, 나는 대통령을 만나 "이미 배정된 예산과 인력으로는 동반성장 업무를 제대로 추진할 수 없다"고 호소했다. 그랬더니 대통령은 "정부 예산 가운데 예비비를 충분히 갖다 쓰라"고 했다. 2011년 초 청와대의 고위 담당자를 만나 예비비 지원을 요구했으나 묵묵부답이었다. 그는 그해 7월 언론을 향하여 "동반성장의 논의 구조가 구체적인 케이스가 많음에도 이익 공유제니 동반성장지수니 하는 너무 추상적인 개념으로 진행되고 있다"며 동반성장위원회를 비판까지 했다.

청와대 기류에 민감한 한 국무위원은 비협조를 넘어 도발적이었다. 내가 중소기업 적합업종 제도를 발표하자 그는 위원장 말이 항상 다 옳은 것은 아니라며, 적합업종 선정이 동반성장위원회 마음대로 되지 않을 수 있다고 엇박자를 놓았다. 2011년 2월 국무위원으로 취임하자마자 스스로 동반성장위원회에 나타나 "위원장님이 추진하는 모든 것을 전폭 지원하겠다"고 약속한 지 며칠 안 되어 태도가 돌변한 것이다.

일부 정치인은 아예 말 같지도 않은 말로 대기업 편을 들었다. 당시 여당의 한 중진 의원은 내가 초과이익 공유제를 제안한 지 얼마 안 돼 나를 '급진 좌파'로 몰아세웠다. 재계와 어떤 관계인지는 몰라도 어처구니없는 언어도단이었다.

저항은 2011년 말과 2012년 초에 클라이맥스로 치달았다. 나는 만 1년 동안만 위원장으로 봉직하고 2011년 12월 13일 그만둘 생각이었다. 원래 임기는 2년이었지만, 고군분투하느라 지친 데다, 그런 악조건 속에서도 중소기업 적합업종을 선정했고, 중소기업 위주의 정부 구매 제도도 확립하였으므로, 이익 공유제만 통과시키면 내 임무는 완수하는 셈이라고 생각했다.

그러나 위원회 발족 1년이 되던 날, 논의 주제로 잡힌 이익 공유제를 반대하는 대기업 대표 9명이 전경련의 권유를 받고 모두 회의에 불참했다. 처음에는 화가 났지만 곧 가라앉히고, 이듬해 1월 17일에 다시 회의를 열었다. 그러나 이번에도 대기업 대표는 아무도 나타나지 않았다.

회의 일주일여 전 전경련 고위인사에게 대기업 대표들을 회의에 나오게 독려해달라고 전화로 간곡히 부탁했고 긍정적인 답변도 얻었는데, 결과는 마찬가지였다. 할 수 없이 나는 이들의 행태를 언론에 알렸다. 그러고는 2월 2일에 다시 회의를 소집했다.

그러자 전경련에서 "이익 공유제는 내용은 괜찮은데 이름이 오해를 살 소지가 있으니 협력이익 배분제로 바꾸자"고 제안했다. 순순히 들어주었다. 형식보다는 내용이 중요하다는 생각에서였다.

초과이익 공유제는 마침내 '협력이익 배분제'라는 이름으로 위원회를 정식 통과했다. 이것을 실천하는 대기업에게는 각종 인센티브를 주기로 했다. 그러나 아직까지 본격적으로 실천하는 대기업은 없는 상황이다. 결국 중소기업 적합업종 선정과 중소기업 위주의 정부 구매는 관철시켰으나, 초과이익 공유제는 이름만 남게 되었다.

가장 큰 관심을 가져야 할 중소기업도 소극적이기는 마찬가지였다. 그들 가운데 대기업의 1차 협력업체들은 그래도 형편이 좋아 불만이 덜했고, 다른 업체들은 생존에 허덕일 뿐만 아니라 동반성장에 관심을 두었다가는 대기업에게 피해를 볼 것이 두려웠던 것이다. 정치적으로 자유가 공짜가 아니듯, 경제적 이익도 거저 주어지지 않는다. 지금이라도 중소기업중앙회 같은 조직들이 앞장서서 동반성장을 위한 활동을 다양하게 전개해야 한다.

언론도 도움이 안 되었다. 동반성장위원회 발족 초기, 그리고 이익 공유제 발표 이후 며칠 동안만 해도 언론은 우리에게 우호적이었다. 그러나 대기업의 광고에 빈삼한 내부분의 언론은 우리를 계속 도와주기는커녕 사사건건 동반성장위원회를 몰아붙였다. 한 사회가 발전하려면 학자, 언론인, 법조인이 역할을 잘해주어야 한다는 독일 경제학자 뢰프케(W. Röpke)의 말이 자꾸 생각났다. 그래도 그 중에는 극히 일부이기는 하나 양심적이고 우호적인 언론이 없지는 않았다는 사실을, 나는 지금도 잊지 않고 있다.

2011년 12월에 위원회를 그만두려던 나는 마음을 고쳐먹었다. 대기업의 행태를 뻔히 보고서도 그냥 떠나는 것은 책임 회피라는 생각이 들었기 때문이었다. 위원회의 앞날도 걱정이 되었다.

위원회를 재정비한 뒤 더 열심히 일할 각오로, 2012년 2월 중순 대통령을 찾아갔다. 동반성장위원회의 예산과 인력을 적어도 두 배로 늘려달라고 요청하기 위해서였다. 대통령은 묵묵부답이었다. 그러더니 그동안 할 만큼 한 것 아니냐며 노고가 많았다고 치하했다. 그 즉시 사무실로 돌아와 잔무를 정리한 뒤, 2012년 3월 위원회를 떠났다.

평소 알고 지내던 청와대 사람들에게 "왜 정부가 위원회를 돕기는커녕 견제하려고 하느냐"고 묻자, 그들은 이구동성으로 내가 동반성장을 대강대강 추진할 것으로 기대했는데, 너무 열심히 하는 바람에 제동이 필요했다고 답했다. 대기업의 영향력이 청와대까지 미쳤던 것이다. 이명박 대통령의 대기업과 부자 편향 정책을 바로잡고 우리 사회에 균형추 역할을 하겠다는 뜻에서 총리직을 수락했는데, 여전히 재벌 위주의 경제 운용에서 벗어나지 못하는 현실이 안타까웠다.

나는 대학에 갈 때 1919년 3 · 1운동을 주도한 민족대표 33인에 더해 만세운동을 널리 세계에 알린, 그래서 34번째 대표로 불리는 프랭크 스코필드(Frank W. Schofield) 박사의 권유로 경제학을 전공하기로 마음먹었다. 그분은 나에게 "경제개발 5개년 계획 덕에 한국 경제가 성장은 하고 있지만, 빈부격차가 더 심해졌는데도 한국의 부자들은 가난한 이들에 대해 눈곱만치도 배려를 안 해주고 있다"고 안타까워하면서, 경제학과에 가서 각종 격차 해소 방안을 공부한 뒤 일생 동안 그 격차를 완화하는 데 노력을 경주하라고 가르쳐주셨다.

그분의 예상대로 우리 사회에는 부익부 빈익빈 현상이 팽배해졌다. 여전히 상황이 악화되는 것을 보면서, 동반성장위원회를 그만둔 나는 스코필드 박사에게 미안한 마음을 금할 수 없었다. 그분은 내가 중고등학교를 다닐 때 재정적인 지원뿐만 아니라 인격 형성에도 커다란 영향을 미친 은인이시다.

나는 그분의 가르침을 떠올리며 2012년 6월 동반성장연구소를 설립했다. 동반성장위원회 때나 마찬가지로 동반성장 문화의 조성과 확산에 힘쓰기 위해서였다. 동반성장위원회는 민간위원회를 표방하나 실질적으로는 반관반민 형태였다. 그러나 연구소는 위원회와는 완전히 별개의 순수 민간기구다.

우리 연구소는 지난 8년여 동안 심포지엄과 월례 포럼을 70회 이상 열어 대기업, 중소기업 간 동반성장은 물론 지역 간, 도농 간, 수도권과 비수도권 간, 세대 간, 남녀 간, 남북한 간, 국가 간 동반성장 등 매우 광범위한 주제를 놓고 의견을 교환하고 해법을 도출했다. 각 주제만 살펴보아도 한국의 동반성장은 대체로 무엇이 문제고, 그 해결책은 무엇인가에 대해 대체적인 감을 잡을 수 있을 것이다. 이들 심포지엄이나 월례 포럼은 모두 연도별로 묶어 책자로 만들었으며, 동반성장 관련 단행본도 여럿 발간했다.

동반성장연구소는 기업 또는 지방자치단체와 협력하여 '자본주의 정신과 동반성장' 또는 '대형마트와 전통시장 간의 적정 동반성장 모형 작성' 같은 연구도 이어왔다. 나는 '동반성장 전도사'를 자임하면서 1년에 10회 이상 전국의 학교, 지방자치단체, 교회, 경제인단체 특강 등을 통해 동반성장 문화의 조성과 확산을 위해 힘써왔다. 뿐만 아니라 젊은 세대에게 동반성장 아이디어를 보급하기 위해 동반성장 논문 대회를 수시로 열고 있다. 아직도 할 일이 많지만 지금까지의 성과 역시 적지 않다고 자부한다.

2016년 4 · 13 총선 이후 정당들이 모두 우리 사회의 불평등을 강조하며 동반성장, 경제민주화, 공정성장 등을 위해 노력하겠다고 다짐한 것은 일단 고무적인 현상이다. 명칭은 각기 다르지만, 우리 사회의 불평등이 점점 더 심각한 문제로 대두되고 있다는 반증일 것이다. 다른 한편으로 동반성장위원회나 동반성장연구소가 동반성장 문화의 조성과 확산을 위해 노력한 결과물이라는 생각도 들어 뿌듯하기도 하다.

많은 중소기업인들의 증언을 들어보면, 중소기업 적합업종이나 중소기업 위주의 정부 구매가 무시할 수 없는 성과를 올리고 있는 중이다. 또한 대기업의 중소기업에 대한 각종 불공정 행위도 만족스러울 정도는 아니지만 어느 정도 줄어들고 있다. 앞으로 초과이익공유제는 미국에서 먼저 더욱 광범위하게 적용될 것으로 보인다. 자유방임과 승자독식 같은 잘못된 경쟁 패러다임에 대해 큰 문제의식을 가지지 않았던 트럼프 대통령 대신 협력과 공동체 정신을 강조하는 바이든이 새로 대통령에 당선되었기 때문이다. 앞으로 한국만 나 몰라라 할 수는 없을 것이다.

참고자료

동반성장연구소가 걸어온 길

2012년 2012. 07. 16. 제1회 심포지엄 '소상공인 문제 어떻게 볼 것인가'
(이재희 행정학 박사, 전창수 중소유통연구원 원장, 이병교 골목상권지키기 소비자연맹 기획실장)
2012. 08. 24. 제2회 심포지엄 '경제민주화의 의미와 과제'
(김상조 한성대 교수)

2013년 2013. 05. 09. 제1회 동반성장포럼(이하에서는 '동반성장포럼' 생략) '왜 동반성장인가'
(정운찬 이사장, 하준경 한양대 교수)
2013. 06. 13. 제2회 '갑의 횡포, 을의 눈물 끝낼 수 있는가'
(이민화 카이스트 교수)
2013. 07. 11. 제3회 '교육에서의 동반성장'
(김경범 서울대 교수)

2013. 08. 08. 제4회 '남북한 간의 동반성장'
(윤여준 전 환경부 장관)
2013. 09. 12. 제5회 '지역 간의 동반성장'
(최영태 전남대 교수)
2013. 10. 10. 제6회 '대 · 중소 병원 간의 동반성장'
(노환규 대한의사협회 회장)
2013. 11. 14. 제7회 '농업과 동반성장'
(조영탁 한밭대 교수)

2014년 2014. 01. 09. 제8회 '세대 간의 동반성장'
(윤희숙 KDI 연구위원)
2014. 03. 13. 제9회 '노사 파트너십과 동반성장'
(조성재 한국노동연구원 박사)
2014. 04. 10. 제3회 심포지엄 '한국 경제의 대외적 취약성과 정치사회적 불안 : 분석과 대응'
(이종화 고려대 교수, 박종규 한국금융연구원 선임연구위원, 유진수 숙명여대 교수, 곽정수 한겨레 선임기자, 김세직 서울대 교수, 하용출 워싱턴대 한국학 석좌교수, 신광영 중앙대 교수, 박승관 서울대 교수, 황상민 연세대 교수)
2014. 05. 08. 제10회 '취약계층의 가계부채와 동반성장'
(김영식 서울대 교수)
2014. 06. 12. 제11회 '문화콘텐츠산업과 동반성장'
(이태호 한국채권연구원 연구위원)
2014. 07. 10. 제12회 '한국 사회 어떻게 살릴 것인가'
(조순 서울대 명예교수)
2014. 08. 14. 제13회 '한국 경제의 신성장전략과 중소기업의 역할'

(홍장표 부경대 교수)
2014. 09. 18. 제14회 '한반도 통일을 둘러싼 중국의 이해관계와 주변 4강의 입장'
(한승주 고려대 명예교수)
2014. 10. 16. 제15회 '대한민국 자영업자, 길을 잃다'
(최승재 소상공인연합회 회장)
2014. 11. 13. 제16회 '한국 경제 및 지역경제의 위기와 동반성장'
(정운찬 이사장)

2015년 2015. 01. 08. 제17회 '북한 경제의 미래와 남북 경제의 동반성장 전략'
(조동호 이화여대 교수)
2015. 02. 12. 제18회 '개헌과 동반성장'
(김선택 고려대 교수, 이재오 전 국회의원, 우윤근 주러시아 대사)
2015. 03. 12. 제19회 '중앙정부와 지방정부 간 동반성장'
(정운찬 이사장, 김정훈 한국조세재정연구원 본부장)
2015. 04. 09. 제20회 'New Normal 시대의 경제민주화'
(김상조 한성대 교수)
2015. 05. 14. 제21회 '헌법에 구현된 동반성장의 정신'
(이석연 변호사)
2015. 07. 09. 제22회 '농수산물 공영도매시장에서의 동반성장'
(김윤두 건국대 교수)
2015. 09. 09. 제23회 '동반성장과 경제민주화, 어떻게 실현할 것인가'
(위평량 경제개혁연구소 연구위원, 김남근 변호사)
2015. 09. 10. 제24회 '대 · 중소기업 동반성장과 장애인기업 창

업 및 고용'
(박경수 한양사이버대 교수)
2015. 09. 24. 제25회 '한국경제가 나아갈 길'
(김종인 전 국회의원)
2015. 10. 08. 제26회 '대형마트와 골목상권의 동반성장'
(박주영 숭실대 교수)
2015. 11. 12. 제27회 '한국 경제와 중국 경제의 동반성장'
(지만수 한국금융연구원 박사)

2016년

2016. 01. 07. 제28회 '동반성장과 경제민주화, 잘되고 있는가?'
(박상인 서울대 교수)
2016. 01. 26. 제29회 '한국 경제의 성장을 위한 과제'
(전성인 홍익대 교수)
2016. 03. 10. 제30회 '청년과 동반성장'
(곽금주 서울대 교수)
2016. 04. 14. 제31회 '새로운 동북아 경제질서와 한국의 대응'
(구정모 강원대 교수)
2016. 05. 12. 제32회 '정부의 조달사업과 동반성장'
(강신면 조달청 과장)
2016. 06. 09. 제33회 '적합업종, 중소기업의 내일을 생각하다'
(정선용 동반성장위원회 단장)
2016. 07. 07. 제34회 '비문해자를 문해자로 : 교육에서의 동반성장의 현장 고민과 국가책무'
(이희수 중앙대 교수)
2016. 07. 07. 제1회 경기도 동반성장포럼 '창의적 전통시장 활성화 방안'

(정운찬 이사장, 류재현 감독)
2016. 08. 25. 제35회 '한국과 일본의 동반성장 : 한국과 일본 경제의 경쟁과 협력관계'
(박상준 와세다대 교수)
2016. 09. 22. 제36회 '동반성장이 걸어온 길'
(정운찬 이사장)
2016. 09. 29. 제2회 경기도 동반성장포럼 '전통시장 활성화를 위한 동반상생 모델'
(박주영 숭실대 교수)
2016. 10. 20. 제37회 '동반성장 사례 발표'
(김효준 BMW 코리아 대표, 한정섭 KCC정보통신 대표)
2016. 10. 28. 제3회 경기도 동반성장포럼 '동두천 전통시장과 대형마트 간 동반성장 발전방안 - 이익공유 모델 중심'
(김우형 경희대 교수)
2016. 11. 18. 제38회 '더불어 성장하고 함께 나누는 세상'
(정운찬 이사장)
2016. 12. 16. 제4회 경기도 동반성장포럼 '경기도 전통시장 활성화 방안 - 동반성장 모델 제안'
(김우형 경희대 교수)

2017년 2017. 01. 12. 제39회 '인간이 만든 공동체의 건강과 발전의 조건'
(조순 서울대 명예교수)
2017. 02. 09. 제40회 '제4차 산업혁명과 동반성장'
(이군희 서강대 교수)
2017. 03. 09. 제41회 '정의론과 동반성장'
(이태호 숙명여대 교수)

2017. 04. 13. 제42회 '청년 창업과 동반성장 - 스타트업 생태계 관점에서'
(강영재 코이스라시드파트너스 대표)
2017. 05. 26. 제1회 '지속가능한 성장 · 발전을 위한 2017 광명시 동반성장 포럼'
(양기대 광명시 시장, 서용구 숙명여대 교수, 김용한 엠아이전략연구소장, 김익찬 광명시의원)
2017. 06. 08. 제43회 '권리로서의 기본소득'
(강남훈 한신대 교수)
2017. 07. 13. 제44회 '중앙정부와 지방정부 간 동반성장을 위한 지방분권 방향'
(이재은 수원시정연구원 원장, 정병순 서울연구원 전략연구실장)
2017. 09. 14. 제45회 '스마트시티, 4차산업혁명 그리고 동반성장'
(천재원 엑센트리 대표, 류후규 포용적금융발전 대표)
2017. 10. 12. 제46회 '중소기업인의 해원과 상생'
(차성호 재인컨설팅 대표)
2017. 11. 07. 제47회 '남녀 간 동반성장'
(김찬호 성공회대 교수)

2018년 2018. 01. 11. 제48회 '새 정부의 중소기업정책 과제'
(조영삼 산업연구원 부원장)
2018. 02. 08. 제49회 '비트코인의 허상과 실상'
(김영식 서울대 교수)
2018. 03. 08. 제50회 '동반성장을 위한 상생화법'
(강재형 MBC 국장)
2018. 04. 12. 제51회 '도이모이(Doi Moi) 베트남과 동반성장하

는 주거개발 전략'
(서덕수 NIBC 국제개발연구소 소장)
2018. 05. 10. 제52회 '2018 남북정상회담과 한반도의 미래'
(문정인 연세대 명예특임교수)
2018. 06. 14. 제53회 '지방분권시대 문화예술의 동반성장'
(서강석 전 군포문화예술회관 관장)
2018. 07. 11. 제54회 '나라의 중심은 사람이다'
(조순 서울대 명예교수)
2018. 09. 13. 제55회 '4차산업혁명에 대응하는 과학기술정책 방향'
(김정원 과학기술정보통신부 기초원천연구정책관 국장)
2018. 10. 11. 제56회 '통일 한반도의 성공적인 도시 및 지역개발 로드맵'
(서덕수 NIBC 국제개발연구소 소장)
2018. 11. 09. 제57회 '한국 사회 어디로 가고 있나?'
(하용출 워싱턴대 교수)

2019년 2019. 01. 10. 제58회 '대한민국 희망전략 지식재산허브'
(박진하 카이스트 AIP 운영위원)
2019. 02. 14. 제59회 '4차산업혁명 시대, 대한민국은 준비되어 있는가?'
(박진우 서울대 교수)
2019. 03. 14. 제60회 '동반성장포럼의 회고와 전망'
(정운찬 이사장)
2019. 05. 09. 제61회 '임직원 성과 공유제와 부패 척결'
(박종규 바른경제동인회 회장)

2019. 06. 13. 제62회 '재벌개혁, 핵심이 무엇인가?'
(성일종 자유한국당 국회의원)
2019. 07. 11. 제63회 '인구구조 변화와 세대 간 동반성장'
(하준경 한양대 교수)
2019. 09. 11. 제64회 '북한 핵미사일 위협과 한반도 안보정세 전망'
(유용원 조선일보 논설위원)
2019. 10. 10. 제65회 '동반성장을 위한 미래교육의 방향'
(김희삼 광주과학기술원 교수)
2019. 11. 20. 제66회 '표류하는 한국 경제, 어디로 가는가?'
(김동원 고려대 경제학과 초빙교수)

2020년 2020. 01. 09. 제67회 '한반도 통일과 한일관계'
(최상용 고려대 명예교수)
2020. 05. 14. 제68회 '초변화 시대의 기업혁신과 글로벌 동반성장'
(주영섭 고려대 석좌교수)
2020. 07. 09. 제69회 '소상공인, 대학생 그리고 대기업의 동반성장 / 동맥산업과 정맥산업의 동반성장, 그리고 인류의 미래'
(이유태 부경대 교수, 엄백용 밸런스인더스트리 대표)
2020. 10. 15. 제70회 '이주민으로서 바라보는 대한민국의 미래'
(도 옥 루이엔 국립호치민대 한국학과 전 학과장)
2020. 11. 12. 제71회 '평화적 흡수통일과 동반통일의 과제'
(김근식 경남대 교수)

* 동반성장포럼 출간 단행본 목록

정운찬 엮음, 『함께 멀리 가자』, 동반성장연구소, 2014년 7월 10일.

정운찬 엮음, 『한국사회가 묻고 동반성장이 답하다』, 동반성장연구소, 2015년 7월 6일.

정운찬 공저, 『동반성장과 한반도 통일』, 동반성장연구소, 2016년 6월 13일.

정운찬 엮음, 『대한민국을 살리는 길 동반성장』, 동반성장연구소, 2017년 3월 30일.

정운찬 엮음, 『공동체와 동반성장』, 동반성장연구소, 2018년 11월 30일.

정운찬 엮음, 『한반도 르네상스와 동반성장』, 동반성장연구소, 2019년 3월 1일.

정운찬 엮음, 『동반성장과 경제민주화』, 동반성장연구소, 2019년 5월 1일.

정운찬 외 지음, 『동반성장 원리와 자본주의 정신』, 동반성장연구소, 2020년 3월 1일.

* 동반성장 관련 도서 목록

정운찬, 『미래를 위한 선택 동반성장』, 21세기북스, 2013년 1월 20일.

정운찬, 『우리가 가야할 나라 동반성장이 답이다』, 희망사업단, 2016년 12월 10일.

정운찬 외 7명, 『서울대 경제학자 8인이 말하는 한국경제』, 율곡출판사, 2017년 3월 10일.

정운찬, 『동반성장 국가로 가는 길』, 희망사업단, 2017년 6월 20일.

김재욱, 동반성장연구소 글 / 홍선겸 그림, 『정운찬의 동반성장 이야기(함께 가야 멀리 간다)』, KIATS(키아츠), 2017년 7월 23일.